The WANTED

Rose de Almeida

The WANTED
A história da banda mais procurada do planeta

© 2013 – Rose de Almeida

Direitos em língua portuguesa para o Brasil:
Matrix Editora - Tel: (11) 3868-2863
www.matrixeditora.com.br

Diretor editorial
Paulo Tadeu

Capa
Alexandre Santiago

Diagramação
Daniela Vasques

Tradução das músicas
Fernando Effori de Mello

Revisão
Adriana Wrege

Fotos
Shutterstock

Dados Internacionais de Catalogação na Publicação (CIP)
SINDICATO NACIONAL DOS EDITORES DE LIVROS, RJ.

Almeida, Rose de
    The Wanted : a história da banda mais procurada do planeta / Rose de Almeida.
- 1.ed. - São Paulo : Matrix, 2013.

    1. The Wanted (Conjunto musical) 2. Cantores - Inglaterra - História. I. Título.

12-9341.   CDD: 782.421640942
                                 CDU: 784.001.26(420)

AGRADECIMENTOS

Ter filhas adolescentes facilita muito o acesso a gírias, músicas, bandas, atores, cantores e lugares da moda.

Claro que a tecnologia também reduziu as distâncias e permite acesso ao melhor do mundo em segundos.

Aos 45 anos e sem filhas ou banda larga, seria provável que eu nem chegasse perto dos lindos garotões do The Wanted ou de qualquer outro sucesso musical das baladas atuais.

Enfim, agradeço imensamente à Olivia e à Sofia e também à Heloisa Rinaldi, que colaboraram sobremaneira com a pesquisa para este livro.

Com elas, sigo *Chase in the sun* e *glad you came*.

Era uma vez, no país do Rei Artur, de Robin Hood e do bruxo Harry Potter, um grupo de jovens lindos que cantavam, dançavam e encantavam as meninas com coreografias insinuantes e músicas que não saíam da cabeça.

A febre era tanta que as fãs se aglomeravam em busca dos meninos, gritavam enlouquecidas e tornavam-se *prisoners* eternas de uma *fanmily*.

Não, não estamos falando dos Beatles, a banda britânica que nos anos 60, em Liverpool, deu os primeiros passos para entrar para a história como uma das mais famosas *boy bands* de todos os tempos.

Muito menos de U2, Coldplay e Rolling Stones, que provocaram e povoaram os sonhos de admiradores pelo mundo inteiro.

A sensação britânica agora parece ser mesmo dos jovens do The Wanted, que com um carisma incrível vêm

CONQUISTANDO ADMIRADORES POR ONDE PASSAM. OU MELHOR, POR ONDE CANTAM.

EM LONDRES, NA TERRA DA RAINHA-MÃE, QUEM REINA MESMO SÃO OS MENINOS PROCURADOS MAX GEORGE, SIVA KANESWARAN, JAY MCGUINESS, TOM PARKER E NATHAN SYKES, QUE ATÉ LEVAM AS FÃS A JOGAR *LINGERIE* NO PALCO EM BUSCA DE UM POUQUINHO DE ATENÇÃO.

OS GAROTOS, ENVAIDECIDOS COM TANTA ADMIRAÇÃO, SEGUEM ENCANTANDO COM UM SUCESSO APÓS O OUTRO, COMO QUANDO ABRIRAM OS SHOWS DE JUSTIN BIEBER E ARREBENTARAM COM O SINGLE "ALL TIME LOW" OU AINDA COM O HIT "GLAD YOU CAME", QUE CONQUISTOU A EUROPA EM 2011.

APESAR DA POUCA IDADE, OS MENINOS PARECEM SABER QUE ESTÃO FAZENDO HISTÓRIA. ESTÃO INVESTINDO EM CLIPES SUPERPRODUZIDOS, LETRAS QUE GRUDAM NA MENTE E NOS FAZEM CANTAROLAR O DIA INTEIRO, E EM COREOGRAFIAS AINDA MAIS SEDUTORAS.

O COMEÇO

Enquanto o *The Voice Brasil*, programa exibido pela TV Globo em 2012, procurava uma nova voz, brilhante e diferente, um programa do mesmo estilo, na Inglaterra, em 2009, buscava novos talentos. Jayne Collins, famosa por reunir talentos em grupos de sucesso como as *girl bands* The Saturdays ou Parade, buscava meninos que pudessem formar uma nova boy band que revigorasse a cena musical inglesa, quiçá do mundo.

Durante nove meses de busca foram feitas audições concorridíssimas, com mais de mil participantes. Finalmente chegou-se aos nomes dos ingleses Jay, Nathan, Max e Tom. Siva Kaneswaran também participou das audições, vindo direta e especialmente da Irlanda para completar o carisma do grupo.

Embora com características bem diferentes, os meninos do The Wanted são lindos, sabem dançar e, ao contrário das baladas românticas características do repertório das tradicionais bandas de meninos, eles estão mais para baladas pop dançantes do que melodias para dançar de rostinho colado.

Formado o grupo, ainda sem nome, foi depois da gravação de uma das faixas do primeiro álbum que Nathan sugeriu que a banda tivesse um nome inspirado nos velhos filmes de faroeste em que um cartaz pregado nas paredes e muros mostrava a foto dos bandidos "procurados", os The Wanted.

Além do talento de Jayne – a mulher que lançou os meninos e foi sua primeira empresária –, a banda contou com o talento e a experiência dos grandes produtores Guy Chambers, Taio Cruz e Steve Mac, e seu primeiro single, "All Time Low", lançado no verão de 2010, surpreendeu.

A canção foi rapidamente para o segundo lugar no UK Singles Chart, levando o nome da banda jovem The Wanted para as paradas e para o raio de visão e de admiração das fãs.

Com menos de um ano de formação do grupo, em 2010 os meninos do The Wanted chegaram ao primeiro posto na parada oficial do Reino Unido, com o single "All Time Low". Detalhe: o CD nem havia sido lançado ainda.

Em seguida o CD saiu e abriu caminho para a primeira turnê de apoio ao álbum, e então mais singles foram lançados. "Heart Vacancy", "Lose My Mind" e "Gold Forever" também ficaram no *top five* nas paradas britânicas. Mas foi só com a contagiante "Glad You Came" que eles voltaram ao número 1.

The Wanted em evento promovido por uma rádio americana.

The Wanted foi o álbum de estreia, lançado em 22 de outubro de 2010, com dez das quinze músicas escritas pelos próprios garotos em parceria com Wayne Hector, compositor inglês de grande sucesso com melodias eternizadas por Susan Boyle, James Morrison, Britney Spears e Pussycat Dolls, entre outros.

Outros compositores como Steve Mac, Ed Drewett, Lucas Secon, Lukas Hilbert e Alexander Kronlund também contribuíram para a variedade de canções, remixes e edições individuais dos garotos. O primeiro álbum ganhou versões especiais, como uma edição de luxo exclusiva e encartes apresentando cada um dos garotos.

The Wanted estreou na posição 4 na parada de álbuns ingleses e passou 17 semanas no top 40 britânico e na 11ª posição na Irlanda. O álbum gerou três singles que alcançaram sucesso nas paradas do Reino Unido, incluindo o primeiro single, "All Time Low". Estava criada a primeira exclusividade do grupo: ser a primeira boy band desde The Blues, em 2001, a ter o seu álbum de estreia de estúdio no número 1 das paradas, sem ajuda da visibilidade de um programa de TV.

Álbum de estreia da banda, lançado em 2010.

Então, para tentar emplacar como terceiro grande hit e aumentar as vendas de seu novo álbum, The Wanted se apresentou no programa *The X Factor* cantando "Lose My Mind" no dia 28 de novembro de 2010, música que menos de um mês mais tarde, em 26 de dezembro, seria lançada como single.

Mais uma vez, a primeira música do novo trabalho da banda, "Gold Forever", não agradou tanto, embora tivesse conquistado a 3ª posição nas paradas britânicas.

Mas tudo mudou quando "Glad You Came" estourou e estreou na 1ª posição do iTunes do Reino Unido, permanecendo por duas semanas na 1ª posição da Singles Chart.

Devido ao grande sucesso da música e à relevância que o grupo alcançou, The Wanted fez uma série de shows no Reino Unido e rodou o mundo em turnê.

O terceiro single, lançado dia 16 de outubro de 2011, "Lightning", alcançou o 2º lugar no Reino Unido e o 5º na Irlanda.

Tom Parker anunciou então em seu Twitter pessoal, em 29 de setembro de 2011, que o segundo álbum do The Wanted, que já tinha três singles, iria se chamar *Battleground*. Semanas depois o álbum ganhava o Disco de Platina no Reino Unido.

Logo, o quarto single, escrito por Max George e Nathan Sykes, foi lançado: "Warzone", no dia 26 de dezembro de 2011.

A partir daí começou uma série de shows e apresentações, incluindo participação no T4 on the Beach, no V Festival, no iTunes Festival.

Em novembro de 2011 o grupo começou a produzir seu terceiro álbum de estúdio, *Third Strike*, a ser lançado em 2013. Entre as faixas estão "Chasing The Sun", "Forever" e "Loverboy", com participação de Chris Brown.

Não se sabe o motivo da saída de Jayne Collins da equipe e muito menos o porquê da escolha de Scooter Braun, empresário de 31 anos que também representa o astro Bieber e mantém seus trabalhos nas gravadoras Island Def Jam, RBMG e Schoolboy Records.

A antiga banda que acompanhava o The Wanted durante suas primeiras turnês também foi substituída por outros músicos após a mudança, agora com Scooter no comando.

Em agosto de 2012, The Wanted retornou aos Estados Unidos, desta vez em Los Angeles, para gravar o clipe de "I Found You", o mais novo single da boy band, que foi lançado no dia 5 de novembro de 2012 e também fará parte, juntamente com "Chasing The Sun", do novo e muito aguardado álbum.

Além de Chris Brown, o lançamento conta com a parceria de LMFAO e Rita Ora. Durante o período de produção foram lançadas mais duas parcerias em que The Wanted foi a banda convidada. O rapper Pitbull convidou os garotos para participarem de uma das faixas do seu mais recente álbum,

Terceiro álbum da banda, que será lançado em 2013.

The Wanted

A banda **LMFAO**, que teve participação no álbum *Third Strike*.

Global Warming, chamada "Have Some Fun". E o rapper Dappy chamou-os para uma parceria em seu álbum *Bad Intentions*, na faixa "Bring It Home". Essas duas faixas foram lançadas no segundo semestre de 2012.

Entre os dias 15 de fevereiro e 9 de março de 2012, a banda começou uma nova turnê pela Grã-Bretanha, chamada *The Code*, e todos os integrantes fizeram questão de promovê-la em suas páginas pessoais das redes sociais e também na página oficial da banda no Facebook e no Twitter.

Os meninos fizeram ainda uma viagem aos Estados Unidos para promover a música "Glad You Came" e, devido ao sucesso, conseguiram emplacar o terceiro lugar do Billboard Hot 100, vendendo mais de 3 milhões de cópias.

Rose de Almeida

Em 21 de fevereiro do mesmo ano, o seriado de grande sucesso *Glee* fez versão dessa música para um de seus episódios, interpretada pelo ator Grant Gustin.

O capítulo em que os meninos procurados aparecem no seriado foi emocionante. Batizado de "On My Way", o episódio mostra a aproximação das competições regionais, e, para prejudicar um dos concorrentes, Sebastian (Grant Gustin) ameaça divulgar na internet uma montagem de Finn (Cory Monteith) nu caso Rachel (Lea Michele) não desista de se apresentar.

Claro que Rachel, toda certinha como ela é, acaba recusando, alegando que a *performance* é importante para que seja aceita na universidade. Isso magoa muito o bonitão e sentimental Finn.

O episódio ainda mostra Sue contando para Quinn (Dianna Agron) que está grávida.

Elenco do seriado **Glee**.

16

The Wanted

The Wanted fez um dueto com **Rihanna** em 2012.

Na hora do casamento no cartório, os pais de Rachel e Finn ainda tentam pensar em uma maneira de fazer com que eles desistam do casamento por serem jovens demais, mas não conseguem. Quinn se atrasa e todos esperam por ela. Rachel manda mensagens para saber onde ela estaria. Quinn se distrai ao tentar responder e seu carro é atingido por uma caminhonete.

"Glad You Came" faz parte da *setlist* dos Warblers, estudantes da The Dalton Academy Warblers que vão participar das Regionais.

Em abril de 2012, foi lançado um EP *(extended play)*, contendo como *tracklist* todos os singles, incluindo duas faixas: "Satélite" e o próximo single principal, "Chasing The

17

The Wanted em Londres.

Sun", que foi lançado no dia 21 de maio e atingiu a posição 50 no Hot 100 e a primeira no Hot Dance Club Songs, ambos rankings da Billboard.

No dia 22 de maio, os garotos se apresentaram no primeiro Q102's Springle Ball. A popularidade do The Wanted chegou então até a Irlanda, terra natal de Siva, e derramou-se como calda quente de chocolate por outros territórios europeus antes de invadir os Estados Unidos.

Um boato que logo se confirmou verdadeiro dizia que a banda tinha alcançado o 19º lugar no ranking dancing dos Estados Unidos, e assim a América entrava no diário de bordo dos meninos no final de 2011 com o hit "Glad You Came" e com o lançamento do segundo álbum, *Battleground*.

No início de 2012 vieram os shows de abertura de artistas

como Justin Bieber, quando cantou aqui no Brasil, em pleno estádio do Morumbi, e Britney Spears, além de um dueto com Rihanna, marcando definitivamente o território do The Wanted na terra do Tio Sam.

Nesse ano, a banda também foi indicada ao Brit Awards como Melhor Canção Britânica por "All Time Low".

Aproveitando a maré de sorte, os rapazes realizaram, em junho desse ano, um show no Teatro Beacon, na cidade de Nova York, que foi transmitido ao vivo pelo canal de música Fuse. Nesse dia, aproveitaram para lançar o mais recente single, "Chasing The Sun", que foi trilha sonora do filme *A Era do Gelo 4*.

The Wanted fez um show de abertura para a cantora **Britney Spears**.

19

THE WANTED NO BRASIL

EM 2011

No dia 15 de agosto de 2011, The Wanted anunciou oficialmente em seu site: "The Wanted to support Justin Bieber in Brazil: the boys are excited to confirm that they will be opening for the star Justin Bieber at the 'Z Festival' in Sao Paulo, Brazil this October" ("The Wanted apoiando Justin Bieber no Brasil: os meninos estão animados por confirmar que irão abrir os shows do astro Justin Bieber no Z Festival em São Paulo, Brasil, no mês de outubro).

Voo BA247, marcado para sair às 21h50 (horário local) diretamente do London Heathrow Airport com destino ao Aeroporto Internacional de Guarulhos, São Paulo – pela primeira vez, The Wanted viria ao Brasil.

Chegaram ao nosso país no dia 7 de outubro, após uma longa viagem, de praticamente um dia todo. Houve um imprevisto durante o pouso do avião em Guarulhos, porque, segundo o capitão, havia muita névoa próximo à pista e o tempo não estava ajudando de modo algum, portanto, foi preciso ir até o aeroporto de Campinas para abastecer e então, finalmente, retornar ao aeroporto de Guarulhos. Dali os rapazes dirigiram-se ao Hotel Tivoli, onde passaram o dia se refrescando e se divertindo na piscina, mas não resistiram aos gritos dos fãs que estavam do lado de fora do hotel e saíram do bem-bom para tirar fotos, dar autógrafos e abraçá-los um por um.

The Wanted no show de Justin Bieber.

A banda tinha duas apresentações marcadas, nos dias 8 e 9 de outubro, no Estádio do Morumbi, ambas às 17 horas. Com direito a uma passagem de som, na primeira noite de show, encantaram e cantaram para mais de 50 mil pessoas no primeiro Z Festival, evento produzido pela XYZ Live, com as músicas "Behind Bars", "Lose My Mind", "Personal Soldier", "Gold Forever", "Let's Get Ugly", "Iris" (*cover* da música de Goo Goo Dolls), "Heart Vacancy", "Say It On The Radio", "Lightning", "All Time Low" e "Glad You Came". Embora não fossem tão conhecidos (ainda) no país, foram muito bem recebidos e agradaram bastante ao público.

Dividiram o palco com a Banda Cine (contando até com uma participação especial de Manu Gavassi), Cobra Starship e, logicamente, com o cantor Justin Bieber.

"Penso eu que, se falarmos em termos internacionais, este é, definitivamente, o maior show que já fizemos, e eu acho que

The Wanted

para uma plateia que não nos conhece muito isso pode ser bastante interessante. Eles podem ficar ali simplesmente por 45, 50 minutos pensando: 'Quem são esses caras?'", disse Nathan.

"Se no show o público brasileiro for como a torcida de futebol do país, será um grande festival", esperava Max.

"Antes de ter vindo ao Brasil, o que tinha escutado sobre o público era que cantam bem alto, soam bastante apaixonados. É o nosso país favorito dentre aqueles em que estivemos. E nós queremos muito voltar para poder apreciar com calma", disse Jay.

"Queria poder ficar mais tempo por aqui, adorei. A experiência que vivemos foi incrível. Nunca imaginei que pudéssemos nos apresentar para 60 mil pessoas!", exclamou Nathan.

"Ficamos lisonjeados com o convite (vindo do próprio Justin) para conhecer a América do Sul, pois estávamos em turnê com Justin na Europa. Nós nos sentimos muito bem recepcionados pela plateia. Uau, os shows foram ótimos. Mal podemos esperar para voltar!", disse Max.

"Foi um pouco como um redemoinho. Dois anos atrás, estávamos no Honey Club, em Brighton, com um público de 70 pessoas, e enlouquecemos no palco. Agora, são 50-e-alguma-coisa mil pessoas no Brasil. É estranho pensar 'Uau, nós nos tornamos internacionais!'", afirmou Siva.

"As primeiras impressões do Brasil são que é quente e que os fãs são absolutamente malucos; provavelmente são os fãs que gritam mais alto entre todos os que já ouvimos", afirmou Max.

"Acordei com um som muito, muito, muito bonito hoje de manhã. Nossos fãs lá embaixo gritando com um megafone 'The Wanted! The Wanted! The Wanted!'", emocionou-se Tom.

EM 2012

Primeiramente com alguns *tweets* dos integrantes dizendo que voltariam e muitos rumores, The Wanted confirmou sua presença no Brasil no dia 9 de agosto. E, mesmo enfrentando comentários como "figurinha repetida não completa o álbum", The Wanted, no ano de 2012, foi novamente convidado para participar do Z Festival, mas desta vez foi chamado pela própria produção da XYZ Live para ser a principal atração do evento.

O Z Festival 2012, que aconteceu nos dias 28, 29 e 30 de setembro, não aconteceu só em São Paulo, na Arena Anhembi; desta vez, o evento foi também para o Rio de Janeiro, na HSBC Arena, e contou com a participação de oito atrações, sendo elas DJ Torrada, as bandas Rock Bones, Hot Chelle Rae, Yellow Card e McFly, a cantora Demi Lovato, a boy band da série *Big Time Rush,* do canal Nickelodeon, e, finalmente, The Wanted, que se apresentou apenas nos dias 28 e 29, de acordo com a distribuição dos artistas nas datas.

O Z Festival do Rio de Janeiro foi gentilmente transmitido pelo canal Multishow, já que o primeiro lote e mais da metade do segundo foram vendidos muito rápido.

Chegando ao Brasil, pela segunda vez, no mesmo voo que a banda McFly, no dia 26 de setembro, posaram com alguns fãs para fotos e distribuíram autógrafos. Já que não puderam sair pela porta principal, por causa da segurança e organização do aeroporto, os rapazes saíram pela "porta dos fundos", deixando pelo menos cem fãs esperando do outro lado.

Na lista de exigências para o camarim dos meninos no Brasil, havia desde *milk-shake* de morango, chocolate, biscoitos de chocolate, água mineral, energético, refrigerante, café com leite e açúcar e chá até desodorante, *spray* de cabelo e cera cosmética capilar.

Na *setlist* constavam "Invincible", "Lose My Mind", "Rocket", "Lightning", "Heart Vacancy", o *medley* de Coldplay (incluindo as músicas "Viva La Vida", "Every Teardrop is a Waterfall", "Paradise" e "Fix You"), "Say It On The Radio", "Warzone", "Gold Forever", "Chasing The Sun", "All Time Low", "I Found You" e o grande hit "Glad You Came", para fechar a noite.

Em sua passagem pelo Rio de Janeiro, com exceção de Max – que estava no hotel se cuidando para não ficar mais doente do que já estava e poder fazer um ótimo show –, Nathan, Jay, Tom, Siva e sua namorada Nareesha e mais alguns seguranças e assistentes da banda, no dia 27, visitaram o Cristo Redentor e o Pão de Açúcar, passeando no bondinho e apreciando a bela vista. Durante o passeio, gravaram um #WantedWednesday especial que foi publicado em seu canal no YouTube no dia 3 de outubro.

Ainda no Rio de Janeiro, em um de seus dias de folga para aproveitar a Cidade Maravilhosa, The Wanted gravou diversas entrevistas, e uma em especial para o programa *Caldeirão do Huck,* apresentado por Luciano Huck. Por intermédio do programa, foi feita uma seleção de fãs na internet em certas áreas do Rio, promovida por fã-clubes brasileiros, com o suposto intuito de escolher uma fã para entrevistar os meninos, mas, na verdade, a vencedora teria uma surpresa: The Wanted faria um rápido show, cantando "Glad You Came" e "Chasing The Sun" em sua casa, em seu próprio quarto. Maria Clara, depois de ter ido à escola, ao voltar para casa com a mãe (que já sabia da surpresa), abriu a porta de seu quarto e encontrou os cinco integrantes cantando especialmente para ela.

Quando todos pensavam que The Wanted só visitaria São Paulo e Rio de Janeiro, em sua agenda do site oficial saiu que o grupo faria um show em Porto Alegre, no dia 30. No começo, muitas pessoas estranharam, porque no site da casa de shows Pepsi On Stage não havia nenhuma informação. Mas logo houve a confirmação e o show foi realizado no dia e no local previstos, às 20 horas.

QUEM PROCURA ACHA

Está querendo saber um pouco da história de cada um dos integrantes do The Wanted?
É pra já.

Siva Kaneswaran

Siva Stephen Michael Kaneswaran nasceu no dia 16 de novembro de 1988, na Ilha dos Leprechauns, e cresceu em Blanchardstown, em Dublin, na Irlanda, com seu pai, com sua mãe Elizabeth, as duas irmãs, Gail e Hazel, e seus cinco outros irmãos, David, Daniel, Kelly, Trevor, incluindo seu irmão gêmeo idêntico, Kumar. O pai de Siva faleceu quando ele ainda era criança, e Lily (apelido de Elizabeth) preferiu cuidar dos oito filhos sozinha.

O irlandês começou a vida artística como modelo aos 16 anos, aparecendo em vários anúncios, conseguindo, mais tarde, um contrato com a Storm Model Management. Junto com Kumar, participou de *Rock Rivals*, série inglesa de pouca repercussão que foi ao ar em oito episódios entre 5 de março e 23 de abril de 2008, em que fez o papel de Carson Coombs. Ele também apareceu em um episódio da série infantil britânica *Uncle Max* chamado "Uncle Max Joga Tênis", que foi ao ar no dia 11 de julho de 2008. Por meio das campanhas como modelo, foi chamado para fazer parte do grupo The Wanted.

Seev, apelido para Siva, recebeu uma proposta para participar de um filme em Bollywood, mas recusou, pois já tinha grandes projetos com a boy band.

Amante de *Star Wars,* Siva adora cozinhar (e comer) *brownies* e tortas, acompanhados com Coca-Cola, a bebida de que mais gosta. Sua cor preferida é azul e suas bandas favoritas são Switchfoot e Doves, mas ele também aprecia o trabalho de artistas como Michael Jackson, Luther Vandross e Lionel Richie. Fica em dúvida quando o assunto é time de futebol,

The Wanted ☆ ✩ ☆

mas tem certa preferência por Manchester e Bolton. Assistia, quando criança, à série *Buffy, a Caça-Vampiros*, e atualmente seu programa de TV favorito é *Uma Família da Pesada*. Quando vai ao cinema, sempre espera os créditos do filme acabarem para sair da sessão.

O primeiro detalhe que repara numa mulher são suas mãos. Atual namorado da *designer* de sapatos Nareesha McCaffrey, sempre faz questão de dizer que "Baba" (apelido carinhoso que deu a ela) é e será a mulher da sua vida e pretende casar com a moça em breve. Já namoram há seis anos e hoje moram juntos.

"Siva The Diva", assim chamado pelos fãs e integrantes do The Wanted, não tem tatuagens e é muito vaidoso – odeia quando não tem tempo para arrumar o cabelo ou fazer a barba, sempre pede *spray* e cera para os cabelos nos camarins e, antes de entrar nos palcos, tem o costume de amarrar bem apertado os cadarços de seus tênis para dar sorte.

Siva disse que, se fosse Kumar, adoraria ser confundido pelas pessoas nas ruas e que seria atraente mesmo se fosse uma garota. Se pudesse governar o mundo, acabaria com as dívidas de todos os países e, se pudesse realizar qualquer desejo, adoraria viajar ao espaço. Siva acredita em coisas sobrenaturais.

The Wanted

Nome completo: Siva Stephen Michael Kaneswaran
Nascimento: 16 de novembro de 1988
Cidade natal: Ilha dos Leprechauns
Signo: Escorpião
Olhos: Castanhos
Cabelos: Pretos
Altura: 1,88 m
Time de futebol: Manchester e/ou Bolton
Comida(s) preferida(s): Brownies e tortas
Cor preferida: Azul
Animal preferido: Cachorro
Banda(s) preferida(s): Switchfoot e Doves
Filme preferido: Star Wars
Programa(s) de TV preferido(s): Uma Família da Pesada
Se pudesse governar o mundo por um dia: Acabaria com as dívidas de todos os países
Se não fosse músico: Estaria fazendo um curso de Biotecnologia num laboratório chato
O primeiro álbum que comprou: Jackson 5
Quando está no estúdio, precisa de: Boas vibrações e chá
Frase de alguma música que mudou a sua vida: "When I was just a little girl I asked my mother what will I be" (Quando eu era uma garotinha, eu perguntei para minha mãe o que eu seria) "Que Sera, Sera" (Whatever Will Be Will Be), Doris Day
A coisa mais legal que um(a) fã já fez pra você: Comprou pra mim uma colônia agradável e fez um fanbook

Jay McGuiness

James Noah Carlos McGuiness nasceu no dia 24 de julho de 1990 em Newark, Nottinghamshire, e morava com a mãe, o pai, sua irmã Eleanor e mais três irmãos: Luke, Sean e seu irmão gêmeo não idêntico, Tom. Estudou na Holy Trinity Roman, escola católica de Newark, e aos 13 anos entrou para a escola de dança Charlotte Hamilton. Foi vítima de *bullying* por dançar sapateado, mas superou, deixando claro que "sucesso é a melhor forma de vingança".

Vegetariano, adora pizzas, massas, batata frita, tortas de queijo e ovos "preparados de qualquer jeito", e seu doce favorito são Skittles, que ele guarda em uma das gavetas de sua cômoda como se fosse um "depósito particular".

Coldplay, Newton Faulkner, Florence, Jack Peñate e Damien Rice são as bandas de que Jay mais gosta e que mais costuma ouvir. Raramente assiste futebol, mas diz torcer pelo Celtic. Quando criança, assistia ao programa *How 2*, e hoje, quando assiste à televisão, gosta de "qualquer coisa com participação de David Attenborough" e é totalmente obcecado pelo filme *Avatar*.

McGuiness tem um lagarto fêmea chamado Neytiri, seu animal favorito e resultado de um acordo: se The Wanted emplacasse em primeiro lugar nas paradas, ele a compraria. Por tanto apego, Neytiri é uma das cinco tatuagens de Jay, que ainda tem uma rosa dos ventos com todos os pontos cardeais, algumas folhas, a curta e enigmática frase em espanhol "No Doy", e uma espécie de pássaro chamado JayBird (cujo nome resultou em seu atual apelido, Bird), todas no braço direito.

The Wanted

Bem-humorado e carismático, Jay gosta de ver as pessoas caindo porque simplesmente acha engraçado, e cair é algo que, particularmente, lhe acontece bastante, mas ele acaba sempre rindo de si mesmo quando ocorrem esses escorregões. E isso é outro lado positivo do galã, porque, segundo as fãs, Jay tem uma risada adorável, gostosa de ouvir e muito contagiante, a típica situação "rir da sua risada".

Bird é considerado o mais inteligente da banda e ele diz que, se tivesse que trocar de lugar com algum outro integrante, seria Nathan, porque "dança bem".

Generoso e engraçado, Jay adora cantar no chuveiro e gosta muito da cor azul, tem medo de escuro, odeia quando o computador trava, perde facilmente o celular (pela última contagem, em três anos, conseguiu perder 22 aparelhos), não gosta de dizer para as pessoas seus dois nomes do meio (Noah Carlos) e atualmente está solteiro, morando sozinho.

Seu primeiro beijo foi aos 14 anos, e diz ele que "não sabia direito o que fazer", então ficou durante quinze minutos beijando a garota sem parar. Jay diz ainda que, alguns anos depois, perdeu a virgindade em um celeiro.

Se ele pudesse governar o mundo, precisaria de alguém para certificar-se de que não iria fazer nenhuma besteira e, caso o mundo acabasse, tentaria entrar em contato com Bill Gates para que ele o salvasse.

No ano de 2011, foi indicado pelo PETA UK (sigla de People for the Ethical Treatment of Animals – uma organização que luta pelos direitos dos animais) na categoria "Sexiest Vegetarian" ("Vegetariano Mais Sexy") e levou o prêmio.

The Wanted

Nome completo: James Noah Carlos McGuiness

Nascimento: 24 de julho de 1990
Cidade natal: Newark, Nottinghamshire

Signo: Leão
Olhos: Azuis

Cabelos: Castanhos
Altura: 1,86 m

Time de futebol: Celtic
Comida(s) preferida(s): Massas, batata frita, pizza

Cor preferida: Azul

Animal preferido: Lagartos
Banda(s) preferida(s): Coldplay, Newton Faulkner, Florence, Jack Peñate e Damien Rice

Filme preferido: Avatar

Doce preferido: Skittles
Tem medo de: Escuro

Se pudesse governar o mundo por um dia: Precisaria de alguém para certificar-se de que não iria fazer nenhuma besteira

Se não fosse músico, seria: Um músico fracassado

O primeiro álbum que comprou: Ignition, do R. Kelly, como presente de Natal para um amigo

Quando está no estúdio, precisa de: Papel e caneta

Frase de alguma música que mudou a sua vida: "And we try and we fall and we live another day. And we rise like a phoenix from the flames. And it burns but it turns out golden" (E nós tentamos e caímos e vivemos outro dia. E nós renascemos, como a fênix das cinzas) – "Golden", The Wanted

A coisa mais legal que um(a) fã já fez pra você: Pintaram meu corpo todo como um Avatar

Tom Parker

Thomas Anthony Parker nasceu no dia 4 de agosto de 1988 e cresceu em Tonge Moor, Bolton. Ele mora com seus pais e seu irmão mais velho, Lewis, que foi quem lhe ensinou a tocar guitarra, aos 16 anos de idade. A partir daí, o interesse pelo ramo musical foi aumentando e, acreditando no seu potencial, Tom fez audições para o *X Factor* britânico, um programa de competição musical da TV inglesa produzido por Simon Cowell – o famoso jurado do *American Idol* –, mas não conseguiu passar na primeira fase. Isso fez com que desistisse do seu sonho no mundo da música e entrasse para a universidade Manchester Metropolitan, estudando Geografia. Mas não era sua praia e Tom acabou desistindo, pois sabia que seu sonho era mesmo o de seguir carreira musical. Ele se juntou a um tributo da banda Take That nomeado "Take That 2" e viajou pelo Norte da Inglaterra antes de entrar para o The Wanted.

Tom Parker fuma e tem cabelos castanhos. Suas preferências na culinária são as cozinhas indiana e italiana, e a cor favorita é verde-limão.

TomTom, como é carinhosamente chamado, quando criança gostava de assistir ao programa *Rosie and Jim* e atualmente gosta de assistir à série britânica *The Inbetweeners*. Sua banda preferida é Oasis. E no futebol torce pelo Bolton Wanderers.

Parker tem duas tatuagens, a frase "Rock & Roll" na vertical na região da costela do lado direito do corpo e uma frase de uma das músicas do The Wanted chamada "Golden" que diz

The Wanted ☆ ☆ ☆

"We try, we fall, but we live another day" ("Nós tentamos, nós caímos, mas vivemos outro dia") do lado esquerdo do corpo, entre a costela e a barriga.

Tom ama quando está escrevendo músicas e tocando violão, é considerado o mais desleixado da banda, mas é muito carinhoso com as fãs e disse que, se pudesse, "daria atenção a todos, sem faltar ninguém". Foi o único que não gostou de "Glad You Came" na primeira vez que ouviu, mas depois se convenceu de que estava errado, e "Lightning" conta com uma frase de autoria de sua mãe.

Tom disse que adoraria saber o que as meninas falam quando vão ao banheiro. Já ficou com mulheres mais velhas, mas atualmente namora a dançarina Kelsey Hardwick, há aproximadamente dois anos. O casal mora junto e Tom deixa claro que "faria qualquer coisa e entraria em qualquer briga por Kels".

Animado, elétrico e sorridente, Tom odeia quando está entediado e até já quebrou um dente mastigando uma chave de fenda.

Se pudesse governar seu próprio país, eliminaria todos os impostos. Caso o mundo estivesse prestes a acabar, ele se "esconderia em um refúgio e não sairia mais de lá", e, se pudesse ter qualquer coisa, adoraria passar um dia todo ao lado de John Lennon.

The Wanted

Nome completo: Thomas Anthony Parker
Nascimento: 4 de agosto de 1988
Cidade natal: Tonge Moor, Bolton
Signo: Leão
Olhos: Castanhos
Cabelos: Castanhos
Altura: 1,77 m
Time de futebol: Bolton Wanderers
Comida preferida: Indiana e italiana
Cor preferida: Verde-limão
Animal preferido: Papagaios
Banda preferida: Oasis
Programa(s) de TV preferido(s): The Inbetweeners
Se pudesse governar o mundo por um dia: Eliminaria todos os impostos
Se não fosse músico, seria: Veterinário
O primeiro álbum que comprou: Definitely Maybe, do Oasis
Quando está no estúdio, precisa de: Muita cerveja
Frase de alguma música que mudou a sua vida: "We try, we fall, but we live another day" (Nós tentamos e caímos e vivemos outro dia. E nós renascemos, como a fênix das cinzas) — "Golden", The Wanted
A coisa mais legal que um(a) fã já fez pra você: Deu-me um tour por dentro de um estádio de futebol

Max George

Rose de Almeida

Maximillian Alberto George nasceu em 6 de setembro de 1988 e cresceu com sua mãe, seu pai e seu irmão Jack em Manchester, sua cidade natal. Antes de entrar para o mundo da música, foi jogador de futebol no clube Preston North End.

Antes do The Wanted, Max foi um dos integrantes de uma boy band chamada Avenue, juntamente com Jonathan Lloyd, Scott Clarke, Ross Candy e Jamie Tinkler, que se inscreveu no *X Factor* no ano de 2006. No entanto, a banda não pôde participar, pois não aderiu às regras – de acordo com a mídia, a Avenue já tinha assinado contrato com uma gravadora, por esse motivo foi banida: por não ter sido especialmente formada para a competição. Eles admitiram a culpa através de um vídeo mostrando a desqualificação do grupo. Por causa do mínimo destaque na mídia com o single de estreia, "Last Goodbye", alcançaram a posição 50 no UK Singles Chart. A Avenue acabou em abril de 2009.

Ainda como integrante da Avenue, no ano de 2008, Max posou nu para a revista britânica gay *AXM*, com a intenção de ajudar nas pesquisas sobre câncer. Naquele mesmo ano fez seu teste e entrou para o The Wanted.

Em dezembro de 2010, Max conheceu a atriz Michelle Keegan, após um dos shows do The Wanted, e começaram a namorar. Chegaram a noivar no ano seguinte, porém ele revelou, no ano de 2012, que o noivado foi rompido e o namoro acabou.

Michelle Keegan, ex-namorada de Max.

Fumante, olhos castanhos, antes de raspar a cabeça tinha cabelos castanho-escuros. Quando criança gostava de assistir *As Tartarugas Ninja* e atualmente seu programa favorito, apesar de tudo, é *The X Factor*. Seu esporte predileto é o futebol e o garoto torce para o Manchester City. Obcecado por tubarões, Max gosta da cor preta, tem como prato favorito bifes e adora ouvir Queen.

Max ama quando está com a família e também adora reunir os amigos, é viciado em orelhas desde os 2 anos de idade (adora apertar, morder e fazer carinho nas orelhas das pessoas) e tem um certo pavor de esponjas.

Max chorou quando o primeiro single da banda chegou ao topo das paradas musicais. Tem duas tatuagens – rosas no ombro e uma cruz com uma faixa com o nome da mãe, Mary, no antebraço –, ambas no lado esquerdo. Algum tempo depois, completou o desenho logo abaixo das rosas com um esfumaçado que forma algumas estrelas.

Rose de Almeida

Atualmente mora com Andy Brown, seu amigo de Avenue e hoje integrante de outra boy band britânica chamada Lawson.

Max disse que, se pudesse governar o mundo, instituiria um dia de cerveja grátis para todos, e, se fosse menina, namoraria todos os integrantes da banda, porque eles são "todos atraentes".

The Wanted ☆ ☆ ☆

Nome completo: Maximillian Alberto George
Nascimento: 6 de setembro de 1988
Cidade natal: Manchester
Signo: Virgem
Olhos: Castanho-esverdeados
Cabelos: Careca, mas os cabelos são originalmente castanho-escuros
Altura: 1,76 m
Time de futebol: Manchester City
Comida preferida: Bifes
Cor preferida: Preto
Animal preferido: Tubarões
Banda preferida: Queen
Programa de TV preferido: The X Factor UK
Se pudesse governar o mundo por um dia: Instituiria um dia de cerveja grátis para todos
Se não fosse músico, seria: Mergulhador (com tubarões) ou biólogo
O primeiro álbum que comprou: Off The Wall, de Michael Jackson
Quando está no estúdio, precisa de: Cerveja
Frase de alguma música que mudou a sua vida: "How I wish that there were more than the twenty-four hours in the day" (Como eu gostaria que houvesse mais do que vinte e quatro horas num dia) – "Viva Las Vegas", Elvis Presley
A coisa mais legal que um(a) fã já fez pra você: Ter dado para mim uma camiseta do Manchester City

Nathan Sykes

Nathan James Sykes nasceu no dia 18 de abril de 1993 em Abbeydale, Gloucester, onde cresceu com sua mãe, Karen, seu pai, Harry, e sua irmã mais nova, Jessica, porém os pais se divorciaram e Nathan passou a morar apenas com a mãe e a irmã. Estudava na Longlevens Junior School, e depois foi para The Crypt Grammar School. Logo entrou para a escola de teatro Sylvia Young, aos 11 anos, e então para Ribston Hall High School.

Durante esse período de sete anos, Nathan venceu diversas competições infantis de canto, sendo a mais importante o "Britney Spears Kriminals Karaoke", no ano de 2003, quando derrotou milhares de outros competidores. Apareceu no *Ministry of Mayhem*, do canal ITV, em 2004, sendo vitorioso novamente no "Undiscovered Youth Talent Contest". Nathan representou o Reino Unido no "Junior Eurovision Song Contest" no mesmo ano e ficou com o terceiro lugar da competição. Apresentou-se no "Live and Unsigned", participou do "Music Competition in Bristol" e no ano seguinte entrou para o The Wanted.

Gosta de comida japonesa, sopas e assados. Quando criança, adorava assistir *The Saturday Show* e atualmente gosta de *The X Factor*, do programa esportivo *Match of the Day!* e de *Britain's Got Talent*. Sua banda favorita é Boyz II Men. Sua cor favorita é o vermelho, e o animal de que mais gosta é o gato. No futebol, torce pelo Manchester United e odeia quando seu time perde.

Nathan já operou o olho esquerdo e tem asma. Sabe tocar piano e ama ficar tocando e cantando aleatoriamente

The Wanted

algumas músicas. Segundo os integrantes da boy band, ele é o mais chorão, não sabe guardar segredos e é quem demora mais para se arrumar antes de sair de casa para algum compromisso, importante ou não. Os amigos também fazem uma comparação engraçada por causa da aparência física de Nathan, associando-o ao bicho-preguiça Sid, personagem do filme *A Era do Gelo*. Por causa disso, Nathan é chamado de "Sloth" (bicho-preguiça, em inglês).

Em relação a meninas, Nath prefere as mais calmas e sossegadas e odeia as grossas e arrogantes. Acha que nunca compreenderá a obsessão que as mulheres têm por compras, bolsas e sapatos. Ele gosta de contar as boas novidades para a mãe. Sykes perdeu a virgindade em um campo de golfe, e uma de suas vezes disse que foi "dentro de uma cabana".

Em seu tempo de escola, adorava quando nevava porque ficava o dia todo em casa, "de folga", e disse que não gosta de ler porque não consegue se concentrar direito nos textos.

Hoje, Baby Nath, apelidado assim por ser o integrante mais novo do The Wanted, mora com a família e disse que, se pudesse governar o mundo, iria se sentir como o Doctor Who e que, se fosse o fim do mundo, a última música que ele ouviria seria "End of the Road", da banda Boyz II Men.

The Wanted

Nome completo: Nathan James Sykes
Nascimento: 18 de abril de 1993
Cidade natal: Abbeydale, Gloucester
Signo: Áries
Olhos: Verdes
Cabelos: Castanhos
Altura: 1,75 m
Time de futebol: Manchester United
Comida(s) preferida(s): Comida japonesa, sopas e assados
Cor preferida: Vermelho
Animal preferido: Gatos
Banda(s) preferida(s): Boyz II Men e Lionel Richie
Programas de TV preferidos: The X Factor UK, Match of the Day! e Britain's Got Talent
Se pudesse governar o mundo por um dia: Iria se sentir como o Doctor Who
Se não fosse músico, seria: Um especialista e produtor de chá
O primeiro álbum que comprou: Legacy, do Boyz II Men
Quando está no estúdio, precisa de: Um piano
Frase de alguma música que mudou a sua vida: "Is this the real life? Is this just fantasy?" (Isto é a vida real? Isto é só imaginação?) "Bohemian Rhapsody", Queen
A coisa mais legal que um(a) fã já fez pra você: Um fanbook por ocasião do meu 18° aniversário feito por milhões de fãs, amigos e os "rapazes"!

PRÊMIOS E INDICAÇÕES

2010

Indicados ao Virgin Media Music Awards nas categorias "Best Newcomer" (Melhores Iniciantes) e "Best Group" (Melhor Grupo) e ao 4Music Awards em três categorias, "Hottest Boys" (Meninos Mais Sensuais), "Biggest Breakthrough" (Maior Revelação) e "Best Video" (Melhor Vídeo) com o single "All Time Low", vencendo as duas primeiras categorias.

2011

Indicados ao Brit Awards com "All Time Low" na categoria "Best British Single" (Melhor Single Britânico), além das indicações vencidas no Arqiva Awards na categoria "Best Breakthrough Artist UK on Commercial Radio 2011" (Melhor Revelação nas Rádios Comerciais de 2011 do Reino Unido) e no BBC Radio 1 Teen Awards na categoria "Best British Music Act" (Melhores Artistas Musicais Britânicos).

2012

2012 foi o ano em que The Wanted mais recebeu indicações em premiações, mas não venceu nenhuma das categorias. Indicados ao Brit Awards na categoria "Best British Single" (Melhor Single Britânico), quatro vezes ao Teen Choice Awards nas categorias "Choice Music: Breakout Group" (Escolha Musical: Grupo que Bombou), "Choice Music Star: Group" (Escolha da Estrela da Música: Grupo), "Choice Music Group" (Escolha do Grupo Musical) e "Choice Summer Song" (Escolha da Música do Verão), ao MTV Video Music Awards na categoria "Best New Artist" (Melhor Artista Revelação) e ao American Music Awards (AMA) na categoria "Favorite Band, Duo Or Group – Pop/Rock" (Banda, Dupla ou Grupo Favorito – Pop/Rock).

2013

Indicado ao People's Choice Awards 2013 na categoria "Favorite Breakout Artist" (Artista Destaque Favorito), o resultado ainda está pendente. A premiação ocorrerá no dia 9 de janeiro.

OS TESTES

Nas audições para a seleção dos integrantes para a boy band The Wanted, veja qual foi a música de cada um.

Jay cantou "The Fear", da cantora Lily Allen.

Nathan fez sua versão de "Just The Way You Are", do cantor Bruno Mars, enquanto tocava teclado.

Max escolheu "When You Look Me In The Eyes", dos Jonas Brothers.

Siva cantou "The End Where I Begin", do The Script.

Tom, tocando violão, escolheu "Handbags and Gladrags", canção que tem versões de Manfred Mann, do cantor Rod Stewart e da banda Stereophonics.

BROMANCES
VOCÊ VAI AMAR AS COMBINAÇÕES

Bromance, termo surgido na língua inglesa, é uma junção das palavras "bro" (redução de "brother", irmão) e "romance".

Mas não vá pensando que se trata de um relacionamento homossexual. A expressão é usada para mostrar a amizade entre dois ou mais homens, que não têm vergonha de mostrar esse sentimento e essa amizade para as demais pessoas.

Quer um exemplo bem conhecido? Batman e Robin. Os dois eram companheiros inseparáveis. Lógico que tem gente que insinua que eles eram gays, mas Batman e Robin sempre foram amigos inseparáveis.

No The Wanted, a amizade entre os integrantes gerou vários apelidos, resultantes da mistura entre os nomes de cada um dos amigos. Veja só como ficaram alguns deles.

Tomax: Tom e Max
Tiva: Tom e Siva
Jiva: Jay e Siva
Niva: Nathan e Siva
Nom: Nathan e Tom
Jaythan: Jay e Nathan
Jam: Jay e Tom
Mathan: Max e Nathan
Jax: Jay e Max
Miva: Max e Siva.

WANTED WEEK!

The Wanted faz e posta vídeos que mostram o que acontece no dia a dia do grupo, nos bastidores, em viagens, shows e festivais, brincadeiras, gravações de clipes etc. e que são lançados em seu canal pessoal no YouTube semanalmente, todas as quartas-feiras. Carinhosamente, chamaram essa quarta-feira especial de *Wanted Wednesday*. Logo, criaram também "apelidos" com os nomes de cada integrante, para todos os dias da semana terem sempre um pouquinho mais de The Wanted:

Segunda-feira: *MaxMonday*
Terça-feira: *TomTuesday*
Quarta-feira: *Wanted Wednesday*
Quinta-feira: *ThursJay*
Sexta-feira: *TWFanFriday*
Sábado: *SivaSaturday*
Domingo: *SykesSunday*

COMPOSIÇÕES

AS MÚSICAS DA SUA VIDA

Com os devidos créditos, Nathan e Max ajudaram a escrever "Warzone" e "Invincible". Nathan e Jay ajudaram na composição de "I'll Be Your Strength". Siva ajudou a escrever "I Want It All" (junto com o irmão) e "Where I Belong". Tom escreveu "Lie To Me". Tom e Nathan ajudaram a compor "The Weekend". Nathan e Siva ajudaram a escrever "Dagger". Siva e Jay ajudaram a escrever "Turn It Off". Todos eles ajudaram em "Rock Your Body". Confira algumas das letras do grupo e suas traduções.

WARZONE

I can't believe I had to see
The girl of my dreams cheating on me
The pain you caused
has left me dead inside
I'm gonna make sure, you regret that night

I feel you close, I feel you breathe
And now it's like you're here
You're haunting me
You're out of line, you're out of sight
You're the reason that we started this fight

But I know,
I just gotta let it go,
I should've known
I gotta learn to say goodbye now
I throw my armour down,
And leave the battleground
For the final time now,
I know.
I'm running from a warzone

In our house, I hate that place,
Everywhere I walk I see your face
Try to erase a memory with a flame,
And hope I never see you again
Standing here, in this burning room,
You know the end could never come so soon

It's clear to me,
The lies you use,
The ones that killed me ain't hurting you

So I know,
I just gotta let it go,
I should've known
I gotta learn to say goodbye now
I throw my armour down,
And leave the battleground
For the final time now,
I know.
I'm running from a warzone

I'm running from a warzone
I can't do this anymore
I'm running from a warzone
What are we fighting for?

ZONA DE GUERRA

Não acredito que tive de ver
A garota dos meus sonhos me traindo
A dor que você causou
me deixou morto por dentro
Vou garantir que você se arrependa daquela noite

Eu te sinto perto, sinto você respirar
E agora é como se você estivesse aqui
Você está me assombrando
Você passou dos limites, está fora de vista
Você é a razão de termos começado essa briga

Mas eu sei,
Tenho de abrir mão disso
Eu devia saber
Tenho que aprender a dizer adeus
Eu largo minha armadura
E deixo o campo de batalha
Pela última vez
Eu sei
Estou fugindo de uma zona de guerra

Em nossa casa, eu odeio aquele lugar
Por onde eu passo, vejo seu rosto
Tento apagar a memória com uma chama
E espero nunca mais te ver
Parado aqui, nesta sala em chamas
Você sabe que o fim nunca poderia vir tão logo

Está claro para mim
As mentiras que você usa
As que me mataram não te machucam

Então eu sei
Tenho de abrir mão disso
Eu devia saber
Tenho que aprender a dizer adeus
Largo minha armadura
E deixo o campo de batalha
Pela última vez,
Eu sei
Estou fugindo de uma zona de guerra

Estou fugindo de uma zona de guerra
Não posso mais continuar
Estou fugindo de uma zona de guerra
Para que estamos lutando?

INVINCIBLE

Tonight could be forgettable
Cause I'm drinkin' all the alcohol
Girl I'm throwin' away my soul
I'm forgetting everything that's cold

Cause I like it like that,
Yeah I like it like that,
Yeah I like it like that,
Yeah I like it like that.

Tonight I feel invincible

Tonight I feel invincible
Just please don't tell the principal.
The feeling's irresistible,
In detention getting physical.

Cause I like it like that,
Yeah I like it like that,
Yeah I like it like that,
Yeah I like it like that.

Tonight I feel invincible.

Tonight I feel unstoppable,
And anything is possible
Cause we are uncontrollable,
And we don't do predictable

Cause I like it like that,
Yeah I like it like that,
Yeah I like it like that,
Yeah I like it like that.

Cause I like it like that...

Tonight could be forgettable
Cause I'm drinkin' all the alcohol
Girl I'm throwin' away my soul
I'm forgetting everything that's cold

Cause I like it like that,
Yeah I like it like that,
Tonight I feel invincible.

INVENCÍVEL

Esta noite pode ser esquecível
Porque estou bebendo todo o álcool
Garota, estou jogando minha alma fora
Estou esquecendo tudo o que é frio

Porque eu gosto assim
É, eu gosto assim
É, eu gosto assim
É, eu gosto assim

Esta noite eu me sinto invencível

Esta noite eu me sinto invencível
Só não conte para o diretor
A sensação é irresistível
De castigo na escola, só nos amassos

Porque eu gosto assim
É, eu gosto assim
É, eu gosto assim
É, eu gosto assim

Esta noite eu me sinto invencível

Esta noite eu me sinto imbatível
E tudo é possível
Porque a gente é incontrolável
E não faz nada previsível

Porque eu gosto assim
É, eu gosto assim
É, eu gosto assim
É, eu gosto assim

Porque eu gosto assim…

Esta noite pode ser esquecível
Porque estou bebendo todo o álcool
Garota, estou jogando minha alma fora
Estou esquecendo tudo o que é frio

Porque eu gosto assim
É, eu gosto assim
Esta noite eu me sinto invencível

I'LL BE YOUR STRENGTH

This is not gonna last forever
It's a time where you must hold on
And I won't let you surrender
And I'll heal you if your broken
We can stand so tall together
We can make it through the stormy weather
We can go through it all together,
do it all together, do it all

I'll be your strength
I will, I will, I will
I'll be your strength
Yes I will, yes I will

I won't sleep till the sky is calmer
Keep on searching till I've found you
And my love will be your armour,
in this battlefield around you
Hand in hand we walk together
We can make it through the stormy weather
We can break down walls together,
do it all together, do it all.

I'll be your strength
I will, I will, I will
I'll be your strength
Yes I will, yes I will

Hold on, hold on
I'll be there soon
I'll be your strength, yeah, yeah!
I'll be, I'll be
I'll be your strength
I'll be strong for you
I'll be your strength
And I'll keep strong for you

EU VOU SER A SUA FORÇA

Isso não vai durar para sempre
É um momento que você tem que suportar
E não vou deixar você se entregar
E vou te curar se você estiver na pior
A gente pode ter coragem juntos
A gente pode atravessar a tempestade
A gente pode atravessar tudo juntos,
fazer tudo juntos, fazer tudo

Eu vou ser a sua força
Eu vou, eu vou, eu vou
Eu vou ser a sua força
Sim, eu vou, sim, eu vou

Não vou dormir até que o céu esteja mais calmo
Vou continuar procurando, até te encontrar
E meu amor vai ser sua armadura,
nesse campo de batalha ao seu redor
De mãos dadas, nós andamos juntos
Podemos atravessar a tempestade
Podemos derrubar obstáculos juntos,
fazer tudo juntos, fazer tudo

Eu vou ser a sua força
Eu vou, eu vou, eu vou
Eu vou ser a sua força
Sim, eu vou, sim, eu vou

Aguente firme, aguente firme
Eu vou chegar logo
Eu vou ser sua força, yeah, yeah!
Eu vou ser, eu vou ser
Eu vou ser a sua força
Vou ser forte por você
Eu vou ser a sua força
E continuar forte por você

I WANT IT ALL

Take a moment, listen please
Words like these don't come with ease
You took my heart and kept it locked
Now it's time to let it go

I want it all or nothing at all to have you here
Some people fall to hold on to their tears
And if you want it all,
I'd do anything to see you through
And if I fall, my heart holds on to you

Just one look and I'll subside
When I'm with you
my love can't hide
Take a chance, don't run away
With every breath I need to say

I want it all or nothing at all to have you here
Some people fall to hold on to their tears
And if you want it all,
I'll do anything to see this through
And if I fall, my heart holds on to you

EU QUERO TUDO

Pare um pouco, escute por favor
Palavras assim não vêm fácil
Você levou meu coração e o deixou trancado
Agora é hora de soltar

Eu quero tudo ou nada para ter você aqui
Algumas pessoas caem para manter as lágrimas
E se você quiser tudo,
eu faria tudo para te ajudar a superar
E se eu cair, meu coração se segura em você

Só um olhar e eu vou ceder
Quando estou com você
meu amor não pode se esconder
Arrisque-se, não fuja
Com todo o meu fôlego eu preciso dizer

Eu quero tudo ou nada para ter você aqui
Algumas pessoas caem para manter as lágrimas
E se você quiser tudo,
faço tudo para ver isso passar
E se eu cair, meu coração se segura em você

WHERE I BELONG

I'm on my own and the road is long
I'll do what it takes
Just finding a place
Where I belong

Being down, not out
Being lost, not found
No words, no sound on this lonely track
The wind can roll, the storm can rage
It's all the same, I'm not turning back
Over night things can change always

I'm on my own and the road is long
I'll do what it takes
Just finding a place
Where I belong
Dusty tracks kicking on and on
Not a coin to my name
Just finding a place
Where I belong

No chains to break
No walls to climb
Just space and time waiting for me
No cares, no fears, no shame, no pride
Just stars to guide where I need to be
Over night things can change always

I'm on my own and the road is long
I'll do what it takes
Just finding a place
Where I belong
Dusty tracks kicking on and on
Not a coin to my name
Just finding a place
Where I belong (3x)

I'm on my own and the road is long
I'll do what it takes
Just finding a place
Where I belong
Dusty tracks kicking on and on
Not a coin to my name
Just finding a place
Where I belong

I'm on my own (Where I belong)
And the road is long (Where I belong)
I'll do what it takes (Where I belong)
Just finding a place (Where I belong)
Dusty tracks (Where I belong)
Kicking on and on (Where I belong)
Not a coin to my name (Where I belong)
Just finding a place... Where I belong

MEU LUGAR

Estou sozinho e a estrada é longa
Vou fazer o que for preciso
Só para encontrar um lugar
que seja o meu lugar

Me sentindo para baixo, nada mais
Me sentindo sozinho, sem me encontrar
Sem palavras, sem som, nessa trilha solitária
O vento pode bater, a tempestade pode rugir
Dá tudo na mesma, não vou voltar atrás
Do dia para a noite, as coisas podem mudar sempre

Estou sozinho e a estrada é longa
Vou fazer o que for preciso
Só para encontrar um lugar
que seja o meu lugar
Caminhos de poeira, seguindo sem parar
Sem dinheiro nenhum
Só encontrar um lugar
Que seja o meu lugar

Sem correntes para quebrar
Sem muros para escalar
Só espaço e tempo esperando por mim
Sem preocupações, medos, vergonha, orgulho
Só estrelas para me guiar onde preciso estar
Da noite para o dia as coisas podem mudar sempre

Estou sozinho e a estrada é longa
Vou fazer o que for preciso
Para encontrar um lugar
Que seja o meu lugar
Caminhos de poeira, seguindo sem parar
Sem dinheiro nenhum
Só encontrar um lugar
Que seja o meu lugar (3x)

Estou sozinho e a estrada é longa
Vou fazer o que for preciso
Para encontrar um lugar
Caminhos de poeira, seguindo sem parar
Sem dinheiro nenhum
Só encontrar um lugar
Que seja o meu lugar

Estou sozinho (Que seja o meu lugar)
E a estrada é longa (Que seja o meu lugar)
Vou fazer o que for preciso (Que seja o meu lugar)
Para encontrar um lugar (Que seja o meu lugar)
Caminhos de poeira (Que seja o meu lugar)
Seguindo sem parar (Que seja o meu lugar)
Sem dinheiro nenhum (Que seja o meu lugar)
Só encontrar um lugar... Que seja o meu lugar

LIE TO ME

Say it, though you're looking down
and to the left now
Say it, like someone who really means it
Do it, 'cause if you grow a conscience now
We fall down

Smiling, like there's nothing wrong
You're good at smiling,
So keep it plastered on until the morning
Until the morning, 'cause if you shift to genuine
Then we'll fall out (We fall out)
And we fall down

Chorus:
Don't say it's all for the better
I need you to lie, to lie to me
All stand for the greatest pretender
I know you won't die for me
But say you will
Just lie to me, to me

So kiss me and tell me I'm the one
There's no other, no other one you want
Baby, kiss me, make sure you close your eyes
Or we fall down
Yes, we fall down

(chorus)

Now I can see,
you bite your lip when you look at me
One word, you say,
and everything is giving you away
Let's close our eyes and save the truth
for one more night
Or I fall down
Or I fall down

Don't say it's all for the better
I need you to lie, to lie to me
All stand for the greatest pretender
I know you won't die for me

(chorus)

Don't say it's all for the better
I need you to lie, to lie to me
All stand for the greatest pretender
I know you won't die for me

MINTA PARA MIM

Diga, embora você esteja olhando para baixo
e para a esquerda agora
Diga, como quem diz pra valer
Faça isso, porque se você criar consciência agora
A gente cai

Sorrindo, como se não houvesse nada errado
Você é boa em sorrir
Então congele assim até de manhã
Até de manhã, porque se você passar a ser genuína
A gente vai brigar (A gente briga)
E a gente cai

Refrão:
Não diga que é melhor assim
Preciso que você minta, que minta para mim
Todos de pé para a maior fingidora
Eu sei que você não morre por mim
Mas diga que morre
Só minta para mim, para mim

Então me beije e me diga que sou só eu
Que não há outro, nenhum outro que você queira
Baby, me beije, e não deixe de fechar os olhos
Ou a gente cai,
Sim, a gente cai

(refrão)

Agora estou vendo,
você morde o lábio quando olha para mim
Uma palavra, você diz,
e tudo te entrega
Vamos fechar nossos olhos e poupar a verdade
por mais uma noite
Ou eu caio
Ou eu caio

Não diga que é melhor assim
Preciso que você minta, que minta para mim
Todos de pé para a grande fingidora
Eu sei que você não morre por mim

(refrão)

Não diga que é melhor assim
Eu preciso que você minta, que minta para mim
Todos de pé para a grande fingidora
Eu sei que você não morre por mim

THE WEEKEND

I just want you for the weekend
I need you like the beat inside my head
I just want you for the weekend
I know I'm gonna see your face again

Come here right now girl
I'll make you sweat like you've worked out
Then we'll down a drink or two
You won't know what I'll put you through

I just want you for the weekend
I need you like the beat inside my head
I just want you for the weekend
I know I'm gonna see your face again

Let's get down and some more
Then we'll take it to the floor
So make your body close to mine
Girl you're looking fine
Now for the last time...

I just want you for the weekend
I need you like the beat inside my head
I just want you for the weekend
I know I'm gonna see your face again

Come here right now girl
I'll make you sweat like you've worked out
Then we'll down a drink or two
You won't know what I'll put you through

I just want you for the weekend
I need you like the beat inside my head
I just want you for the weekend
I know I'm gonna see your face again
I know I'm gonna see your face again

O FIM DE SEMANA

Eu só quero você para o fim de semana
Preciso de você como a batida dentro da minha cabeça
Eu só quero você para o fim de semana
Sei que vou ver seu rosto de novo

Venha cá agora mesmo, garota
Vou te fazer suar como se você tivesse malhado
Depois, a gente vira um ou dois drinques
Você não vai saber o que eu vou te fazer passar

Eu só quero você para o fim de semana
Preciso de você como a batida dentro da minha cabeça
Eu só quero você para o fim de semana
Eu sei que vou ver seu rosto de novo

Vamos dançar e um pouco mais
Depois vamos para o chão
Então deixe seu corpo junto ao meu
Garota, você está linda
Agora pela última vez…

Eu só quero você para o fim de semana
Preciso de você como a batida dentro da minha cabeça
Eu só quero você para o fim de semana
Eu sei que vou ver seu rosto de novo

Vem aqui agora mesmo, garota
Vou te fazer suar como se você tivesse malhado
Depois a gente vira um ou dois drinques
Você não vai saber o que eu vou te fazer passar

Eu só quero você para o fim de semana
Preciso de você como a batida dentro da minha cabeça
Eu só quero você para o fim de semana
Eu sei que vou ver seu rosto de novo
Eu sei que vou ver seu rosto de novo

DAGGER

Stay
Won't beg you to stay
Go, yeah, I'll be ok
Won't kill me this way
Oh, oh
At least that's what I'll say
No, you don't have to know
The wounds that hurt me the most
Cos I'll never show
Just how deep they go

Chorus:
That's why I'm telling you
Everytime you have to go
I don't think you even know
It's like a dagger in my heart
Everytime you have to leave
Can't believe it cuts so deep
It's like a dagger in my heart
Dagger, dagger, dagger, dagger, dagger, dagger
It's like a dagger in my heart
Dagger, dagger, dagger, dagger, dagger, dagger
It's like a dagger in my heart

Strong, I thought I was strong
These scars will heal before long
I guess I was wrong
Oh, oh
And I'm too far gone
Try, I know I should try
To just get on with my life
But it's slipping away tonight
There's some loves you can't survive

(Chorus)

The last words I would say
Is there ain't anyone else
Can take this pain away

(Chorus)

Everytime you have to go
I don't think you even know
It's like a dagger in my heart
Everytime you have to leave
Can't believe it cuts so deep
It's like a dagger in my heart

PUNHAL

Fica
Não vou te implorar para ficar
Vá, é, eu vou ficar bem
Não vai me matar assim
Oh, oh
Pelo menos, é isso que eu vou dizer
Não, você não tem que saber
Das feridas que mais me machucam
Porque eu nunca vou mostrar
Como elas são profundas

Refrão:
É por isso que eu te digo
Toda vez que você tem que ir
Acho que você nem sabe
É como um punhal em meu coração
Toda vez que você tem que partir
Não acredito que corte tão fundo
É como um punhal em meu coração
Punhal, punhal, punhal, punhal, punhal, punhal
É como um punhal em meu coração
Punhal, punhal, punhal, punhal, punhal, punhal
É como um punhal em meu coração

Forte, pensei que eu era forte
Estas cicatrizes vão sarar depressa
Acho que me enganei
Oh, oh
E eu já fui longe demais
Tentar, sei que eu devia tentar
Apenas seguir em frente com a vida
Mas ela está escapando esta noite
Há certos amores aos quais a gente não sobrevive

(Refrão)

As últimas palavras que eu diria
É que não há mais ninguém
Que possa tirar essa dor

(Refrão)

Toda vez que você tem que ir
Acho que você nem sabe
É como um punhal em meu coração
Toda vez que você tem que partir
Não acredito que corte tão fundo
É como um punhal em meu coração

TURN IT OFF

Stop, look, listen what I'm saying
Don't push, haven't got to chasing
Just me, I don't have to fake it
Never gonna change it,
I don't have to fake it

Back off, back off
You won't get very far
Back off, back off
I think you think you're a star
Back off, back off
I don't know who you are
I think you think you're a star, you're a star

There's something about in you
Makes me wanna scream
I'm blacking out of mind so I can't hear a thing
About to tell you what I mean
Turn it off, turn it off

Chorus:
Fast cars, smooth talk, flash watch (turn it off)
Fake hair, fake tan, lip-gloss (turn it off)
Hot shot, who cares?
'cause I just don't give a damn (turn if off, off,
turn it off)

Time moves, seems like nothing's changing
V.I.P. isn't that amazing?
So, see/scene, but it doesn't fade me
Never gonna change me
No, it doesn't faze me

Back off, back off
You won't get very far
Back off, back off
I think you think you're a star
Back off, back off
I don't know who you are
I think you think you're a star, you're a star

There's something about in you
Makes me wanna scream
I'm blacking out of mind so i can't hear a thing
About to tell you what i mean
Turn it off, turn it off

(Chorus)

Never gonna change me
No, it doesn't faze me x2

▼

DESLIGUE

Pare, olhe, escute o que eu digo
Não force, não tem abraço entre a gente
É que eu, eu não tenho que fingir
Eu nunca vou mudar isso
Não tenho que fingir

Fique longe, fique longe
Você não vai conseguir nada
Fique longe, fique longe
Acho que você se acha uma estrela
Fique longe, fique longe
Não sei quem você é
Acho que você se acha uma estrela

Há algo em você
Me dá vontade de gritar
Estou apagando a mente para não ouvir nada
Estou para dizer o que eu acho
Desligue, desligue

Refrão:
Carrões, fala macia, relógio brilhante (desligue)
Cabelo falso, bronzeado falso, *gloss* (desligue)
Figura famosa, e daí?
porque eu não dou a mínima (desligue,
desligue)

O tempo passa, parece que nada muda
V.I.P., não é o máximo?
Então, ver/cenas, mas isso não me apaga
Nunca vai me mudar
Não, não me incomoda

Fique longe, fique longe
Você não vai conseguir nada
Fique longe, fique longe
Acho que você se acha uma estrela
Fique longe, fique longe
Eu não sei quem você é
Acho que você se acha uma estrela

Há algo em você
Me dá vontade de gritar
Estou apagando a mente para não ouvir nada
Estou para dizer o que eu acho
Desligue, desligue

(Refrão)

Nunca vai me mudar
Não, não me incomoda (2 x)

▼

TURN IT OFF

There's something about in you
Makes me wanna scream
I'm blacking out of mind so i can't hear a thing
About to tell you what i mean
Turn it off, turn it off

(Chorus)

Never gonna change me
No, it doesn't faze me x2

DESLIGUE

Há algo em você
Me dá vontade de gritar
Estou apagando a mente para não ouvir nada
Estou para dizer o que eu acho
Desligue, desligue

(Refrão)

Nunca vai me mudar
Não, não me incomoda (2 x)

ROCK YOUR BODY

Breathe a sigh and push tonight
Open your eyes and let the light
Take you away, forget the day
The hit makes you fizz something you gotta say

And I can still see the old days in your face
We have grown and we own it all

This is a rave, not a grave
Everyone head to the light
Coz we are not, not afraid
Of pushing the limits tonight

Chorus:
We're gonna rock your body
Let's get on it
The beat of your heart will ignite
We're gonna shock your body
CPR it
The dead won't be sleeping tonight

Take a risk and feel the rush
It's just begun a change in us
Open your mind, your mind, your mind
And don't you be worried about what you'll find

And I can still see the old days in your face
We have grown and we own it all

This is a rave, not a grave
Everyone head to the light
Coz we are not, not afraid
Of pushing the limits tonight

(Chorus)

This is a rave, not a grave
This is a rave, not a grave
We are not, not afraid

(Chorus 2x)

The dead won't be sleeping...
Tonight

SACUDIR O SEU CORPO

Respire fundo e vá com tudo esta noite
Abra os olhos e deixe a luz
Te levar, esqueça o dia
A batida te faz assobiar algo que você tem que dizer

E eu ainda vejo os velhos tempos no seu rosto
A gente cresceu e tudo isso é nosso

Isto é uma *rave*, não um túmulo
Todo mundo, vamos para a luz
Porque a gente não está, não está com medo
De forçar os limites esta noite

Refrão:
A gente vai sacudir seu corpo
Vamos nessa
A batida do seu coração vai dar a partida
Vamos dar um choque em seu corpo
Reanimá-lo
Os mortos não vão dormir esta noite

Corra o risco e sinta a onda
Acabou de começar uma mudança em nós
Abra sua mente, sua mente, sua mente
E não se preocupe com o que vai encontrar

E eu ainda vejo os velhos tempos no seu rosto
A gente cresceu e tudo isso é nosso

Isso é uma *rave*, não um túmulo
Todo mundo, vamos para a luz
Porque a gente não está, não está com medo
De forçar os limites esta noite

(Refrão)

Isto é uma *rave*, não um túmulo
Isto é uma *rave*, não um túmulo
A gente não está, não está com medo

(Refrão 2x)

Os mortos não vão dormir...
Esta noite

COVERS

Durante sua trajetória musical, The Wanted fez várias versões de músicas de outros artistas, divulgando-as na internet e/ou nas rádios, como por exemplo:

- "For The First Time", do The Script.
- Um *mashup* das músicas "Live Forever", do Oasis, e "The Man Who Can't Be Moved", também do The Script.
- "Afternoon Delight", gravado pela Starland Vocal Band.
- "Kickstarts", originalmente gravada pelo Example.
- "Fight For This Love", de Cheryl Cole.
- "Animal", da banda Neon Trees.
- "Iris", grav ada pelo Goo Goo Dolls.
- "Wherever You Will Go", do The Calling.
- Fizeram também *medley* de quatro músicas da banda Coldplay: "Viva La Vida", "Every Teardrop Is A Waterfall", "Paradise" e "Fix You".
- E também *medley* com quatro músicas do cantor Taio Cruz: "Dynamite", "Higher", "Dirty Picture" e "Break Your Heart".
- Recentemente anunciaram um novo cover do mais novo single do cantor Ne-Yo, "Let Me Love You", mas nenhuma outra informação adicional foi divulgada ainda.

BOATOS, FOFOCAS, CURIOSIDADES E BAFOS

Cinco garotões sarados, saudáveis, solteiros e famosos sugerem boatos deliciosos que criam ainda mais *frisson* em torno do grupo.

Desde sempre as fofocas são combustível para que as celebridades se mantenham em evidência e os admiradores fiquem ainda mais enlouquecidos com os bastidores ou a vida pessoal de seus ídolos.

Sem dúvida as mulheres são sempre as responsáveis pelas fofocas mais saborosas, contudo, muitos homens adoram um bom boato, uma boa anedota baseada em fatos reais.

Recentemente um centro de pesquisas independente, na cidade natal da maioria dos garotos "procurados", entrevistou mil donos de telefones celulares com o objetivo de saber qual era o teor das conversas dos homens em seus telefones.

Trinta e três por cento dos homens mostraram-se fofoqueiros habituais, contra apenas 26% das mulheres.

Em termos de conteúdo, a pesquisa revelou apenas uma diferença significativa entre a fofoca masculina e a feminina: os homens gastam muito mais tempo falando de si mesmos. Do tempo total dedicado à conversa sobre as relações sociais, os homens gastam dois terços falando sobre suas próprias relações, enquanto as mulheres só falam de si mesmas em um terço do tempo.

Geralmente os homens fofocam sobre o ambiente de trabalho, gafes de colegas e principalmente sobre mulheres.

Também vale ressaltar as razões que levam à fofoca: para as mulheres, em geral, é uma maneira de passar o tempo, enquanto para os homens pode servir, além de pura informação, como meio de autoafirmação perante o resto dos amigos e colegas (quando um amigo, por exemplo, gaba-se de ter saído com uma bela mulher).

Curiosamente, muitos dos participantes do sexo masculino dessa pesquisa inicialmente alegaram que não fofocavam, enquanto quase a totalidade das mulheres prontamente admitia fazer fofoca. Em novo interrogatório, no entanto, a diferença parece ser mais uma questão de semântica do que material: o que as mulheres estavam felizes de chamar de "fofocas", os homens definiam como "troca de informações".

Então, vamos aos boatos, fofocas e bafos envolvendo os meninos do The Wanted desde que chamaram a atenção da mídia com o single "All Time Low", lançado no verão de 2010.

Quem mais tem fama de festeiro é Max, depois Tom, mas ele está sempre acompanhado da namorada, e Jay, sempre bebendo, sai cambaleando nas fotos dos *paparazzi*.

Que Lindsay Lohan e Max George namoram não é novidade. Mas a história do casal está repleta de incidentes, a começar pela prisão de Lohan no final de novembro de 2012, o que aproximou ainda mais a atriz da banda. Lindsay acompanhou de perto a turnê "Jingle Ball" do grupo na Filadélfia, em Boston e Nova York, e o casal foi visto em vários momentos em abraços insinuantes. Para esclarecer o caso, Max falou em entrevista em uma rádio sobre seu relacionamento com Lohan: "Acho que provamos a nós mesmos que, se conseguimos nos manter longe de problemas e mantê-la longe de problemas durante esta semana, então somos obviamente cidadãos excepcionais para a comunidade, e que conseguimos fazer as duas coisas; estou muito orgulhoso por isso". Quando perguntado se a amizade duraria, Max foi enfático: "Bem, acho que já somos bons amigos; sim, vai durar". Entretanto, em entrevista ao *ITN News* ele negou que estava namorando a atriz: "Ela é apenas a nossa *groupie*".

Os rumores de que a amizade tinha evoluído para romance vieram quando, depois de ser flagrada durante três noites dormindo com o cantor, Lindsay postou uma foto do casaco de Max com a frase "sentindo falta de alguma coisa", momentos depois de ter retuitado a mensagem do cantor de que tinha acabado de voltar à Inglaterra.

Lindsay Lohan — Max desmente os boatos e insiste em dizer que são apenas amigos.

81

Jay McGuiness também parece ser amigo da moça. Depois de aparecer usando uma camiseta em homenagem a LiLo, ele disse em entrevista ao canal E! News: "Ela estava meio para baixo naquela noite e eu só queria ajudá-la. Nós dois somos bons amigos e acho que a amizade vai permanecer. Ela está viajando de ônibus conosco e deve ir a um monte de shows. Lindsay faz um monte de outras coisas também e, sim, ela é nossa nova amiga".

O programa de celebridades *TMZ* afirma que, segundo amigos do cantor e da atriz, tudo começou quando Max flertou de forma agressiva com Lindsay no fim de novembro em uma boate de Nova York, mas a noite acabou em confusão porque o cantor, que terminou seu noivado com Michelle Keegan em agosto, acabou dando em cima de outras mulheres. "Max é um cara solteiro, namorador e um monte de mulheres o acha atraente. Ele está livre para brincar", disse um informante. Porém, Lindsay está disposta a viver um romance com o rapaz. "Ela realmente gosta de Max e gosta de estar com ele mesmo que não esteja à procura de um relacionamento sério", acrescentou outra fonte.

Em viagens de turnê a banda aproveita sempre para conhecer pontos turísticos e apreciar a cultura e as diferentes fãs. Em uma de suas mais recentes viagens, num bar de Los Angeles, os meninos resolveram conhecer um karaokê. Só que, com alguns drinques na cabeça, eles infringiram uma lei que proíbe quem está bêbado de cantar, pois o que sai é mais parecido com um miado do que com uma canção.

Na lista de indicados ao MTV EMA 2012, o nome The Wanted não passou nem perto de onde chegaram One Direction e Justin Bieber. Isso deixou os meninos bastante tristonhos.

Tom tuitou naquele dia assim: "Acho uma besteira não termos sido indicados ao EMA deste ano; quem sabe no ano que vem enxerguem nosso sucesso".

Quando visitaram o Rio de Janeiro, os meninos quiseram conhecer os pontos turísticos e as meninas de "biquíni" e acabaram no Cristo Redentor. Tom afirmou durante balada numa casa noturna que o clima constante de festa é a melhor coisa de fazer parte de uma boy band. Poder viajar o mundo ao lado dos amigos e conhecer lugares diferentes, bares diferentes... A pior parte é a ressaca. "Geralmente acordamos às 5 da manhã, de ressaca, e nos arrastamos até a academia", contou.

Dizem que a rivalidade entre The Wanted e One Direction é produto da mídia e não foram poucas as vezes em que os integrantes das duas bandas pediram que as fãs não acreditassem nos boatos. Contudo, sempre que podem os meninos se enrolam em comentários pra lá de cabeludos.

Nathan Sykes, do The Wanted, colocou panos quentes e revelou em entrevista ao *Hollyscoop* que gostaria de trabalhar em uma parceria com os garotos da One Direction e defendeu que "É bem previsível que a mídia sempre tente colocar duas bandas uma contra a outra, mas não temos nenhum problema com eles [One Direction]. Uma colaboração entre os dois grupos pode gerar muito dinheiro e nós faríamos isso com o intuito de doá-lo para a caridade".

Adormecida desde que Backstreet Boys e 'N Sync resolveram fumar o cachimbo da paz, a rivalidade entre as bandas britânicas ganhou cores novas com One Direction e The Wanted.

Como a maioria das Directioners sabe, o One Direction foi formado no *X Factor* pelo jurado Simon Cowell. O grupo

Os meninos do **One Direction**.

é composto pelos membros Niall Horan, Zayn Malik, Louis Tomlinson, Liam Payne e Harry Styles. Eles lançaram o seu álbum de estreia *Up All Night* em 2011, o qual rapidamente saltou para o número 1 nos Estados Unidos e chegou em 2º no Reino Unido. Então vieram vários singles, como "What Makes You Beautiful", e eles estão em turnê pelo mundo sem parar para entreter os fãs mais ardorosos.

Os meninos do The Wanted são um pouco mais velhos do que os meninos do 1D. No entanto, o quinteto também é uma combinação de Inglaterra e Irlanda, e a banda também foi montada por profissionais da indústria.

Max George deu uma alfinetada sutil no One Direction durante turnê australiana do The Wanted em agosto: "Se tivéssemos que escolher as coisas que uma boy band precisa ter, acho que nós não nos encaixaríamos nesse padrão. Não somos o grupo mais atraente que existe no mundo pop. Não dançamos. Mas todos nós tocamos instrumentos, e isso é uma coisa boa no grupo. Não queremos ser uma boy band normal. Não queremos ser extravagantes. Eu diria que somos uma espécie de boy band misturada com uma banda".

A molecada do The Wanted também se indispôs com Christina Aguilera em um *reality show* em que ela é jurada. Com sua antipatia natural, ela já fez cara feia para Justin Bieber e desancou os The Wanted. O cantor Tom Parker desabafou em um programa de rádio chamando a cantora de *bitch* (vadia). "Ela ficou sentada lá e não falou com a gente. Nem olhava para nós", contou o rapaz.

Max George, outro integrante da banda, classificou Christina como "grossa e um pouco assustadora". Uma pessoa próxima à cantora, ouvida pela revista *People*, afirmou que a atitude não foi proposital, já que não "houve oportunidade para nenhuma interação antes ou depois do show".

No Natal de 2012 o The Wanted fez um ensaio divertido para a revista *Esquire* britânica de dezembro. A sessão de fotos foi comandada por Tom Van Schelven e deliciou os fãs da banda. Numa delas, os rapazes, em trajes com estampas típicas do Natal, aparecem montando uma árvore.

A música "I Found You", que já teve até clipe divulgado, estará presente no novo disco de 2013.

Justin Bieber, em seu inseparável microblog, encheu a bola do The Wanted ao elogiar a galera e colocá-los ao lado de outros queridinhos como Cody Simpson, One Direction e a canadense Carly Rae Jepsen.

Rose de Almeida

A banda The Wanted ficou mais conhecida aqui no Brasil depois de fazer a abertura de dois shows do cantor Justin Bieber em São Paulo. O hit "Glad You Came", que estará presente em *Glee*, já é o 40º no Billboard Hot 100.

Jay McGuiness, um dos membros da banda, falou em uma entrevista à rádio Capital FM que eles mal puderam acreditar quando ficaram sabendo da notícia de ingresso na maior lista de música do mundo.

Ainda referente à briga com One Direction, em que as comparações entre os dois grupos britânicos são inevitáveis e polêmicas, Tom Parker colocou lenha na fogueira. Em entrevista a um programa da rádio BBC, Parker não gostou de ouvir o apresentador Chris Moyles insinuar que o One Direction era o grupo mais conhecido: "Nosso novo single, 'I Found You', é um pouco diferente. Nós gostamos de misturar e tentamos não ser estereotipados".

No mesmo dia, Harry Styles, da One Direction, respondeu em seu Twitter: "Chris Moyles está certo. Se a One Direction não existisse, The Wanted seria bem mais popular". Provavelmente arrependido de começar uma rixa, ele deletou o *tweet* logo depois.

Os meninos The Wanted, apesar da pouca idade, já se envolveram em algumas polêmicas. A maior delas foi com Jay McGuiness, que teve supostas fotos suas nu divulgadas na internet. Ele não comentou o assunto e seu representante se limitou a dizer que "categoricamente não é ele (por muitos motivos)".

Tom Parker quase teve um destino diferente longe do grupo. Ele fez teste para o *The X Factor*, programa que revelou o One Direction, mas não passou da primeira fase.

Tom e Siva são os únicos que estão namorando. Max terminou em 2012 com a modelo Michelle Keegan e parece estar "pegando" Lindsay Lohan.

Para delírio das sortudas, os rapazes costumam distribuir selinhos para as fãs em seus shows.

Quando estiveram em turnê pela Austrália, os garotões foram até o Manly Sea Life Sanctuary, em Sydney, onde mergulharam ao lado de tubarões.
Nessa mesma viagem, no aeroporto, Max George e Nathan Sykes foram flagrados brincando de luta no aeroporto quando desembarcavam em Sydney. A briga de brincadeira foi filmada pelo site de fofocas *Splash* e está disponível na internet.

Em visita à rádio SiriusXM Hits 1, em Nova York, The Wanted gravou a música "All Time Low" e o cover "Iris", de Goo Goo Dolls.

A festa surpresa preparada pela trupe para Tom Parker rendeu comentários e *tweets* de vários amigos. Nathan Sykes também escreveu: "Tive uma noite incrível com @TomTheWanted em um encontro de aniversário! Amo aquela criança... Sim... Criança... Ele pode ter 24, mas tem a mente de um jovem de 17 anos!".

Já a namorada, Kelsey Hardwick, desejou felicidades a ele pelo Twitter, dizendo: "Feliz aniversário para o meu namorado maravilhoso @TomTheWanted Eu te amo muito espero que tenha um dia incrível!".

No final do ano de 2012 a banda saudou o Jingle Bell Ball 2012 da Capital FM local de maneira emocionada. No Twitter, depois do show: "Obrigado a todos pela recepção calorosa de hoje. Show incrível para terminar o ano".

Eles já tinham prometido arrebentar no evento e, além dos famosos sucessos "All Time Low" e "Glad You Came", a molecada ainda cantou o novo single "I Found You" durante a sua *fan-performance*.

Nos bastidores, enquanto esperavam sua vez, os meninos se divertiram com a mágica ilusionista Katherine Mills e seu número do "Dinheiro Mágico".

Nas muitas matérias sobre a festa de final de ano, Max contou que a pior coisa que já lhe aconteceu em uma festa natalina foi quando, aos 11 anos, ele roubou duas garrafas de vinho e a avó descobriu – ela ficou bem chateada e brigou feio com o garoto.

Dizem que na viagem par a um show em Nova York, Tom Parker levou Lindsay Lohan na mala.

Mudando um pouquinho o foco das meninas, uma conversa animada entre Tom e Max revelou que em seu coração há espaço e admiração para duas celebridades masculinas: David Beckham e David Attenborough.

Eles não escondem seu amor pelas festas e o fato de gostar de sair com belas mulheres. Mas Tom Parker e Siva Kaneswaran estão igualmente felizes passando o tempo com suas caras-metades. Os rapazes, que recentemente foram aplaudidos de pé no American Music Awards (AMA), juntaram-se às suas namoradas para um jantar romântico em Hollywood na semana do evento.

Tom, que quase sempre é visto trocando beijos com a namorada, Kelsey Hardwick, ainda é romântico a ponto de passear de mãos dadas.

Já Siva não se deixa intimidar quando está acompanhado. Ele e Nareesha McCaffrey, sua namorada, adoram usar roupas da mesma cor quando estão juntos.

Jay McGuiness é visto frequentemente bem acompanhado com várias amigas.

Sobre a participação do grupo no evento da MTV americana, os meninos postaram no Twitter: "Acabamos de receber aplausos de pé no nosso primeiro AMA. Estamos sem palavras".

Tom Parker foi mais específico e postou falando que não conseguia acreditar como o grupo tinha chegado tão longe em apenas dois anos: "Dois anos atrás nós estávamos tocando em turnês escolares e em lugares pequenos do Reino Unido. Agora estamos nos apresentando e sendo nomeados para o AMA #privilegiado".

Claro que depois da premiação os meninos do The Wanted foram fazer o que fazem de melhor: festejar. E foram vistos pedindo bebidas no bar da boate Hollywood Lure, na festa que aconteceu depois da premiação, oferecida pela *US Weekly*, na qual eles também cantaram.

Os garotos da The Wanted ficaram impressionados com a *performance* de Pink no American Music Awards e sentiram que iam perder o prêmio na categoria "Banda, Dupla ou Grupo Favorito – Pop/Rock" para o Maroon 5. Max insistiu numa grande diferença entre a The Wanted e as outras boy bands.

Para se diferenciar de outras bandas que têm integrantes com idades inferiores às dos meninos do The Wanted, Siva disse que eles são "diferentes das outras boy bands, porque podem tocar intimamente em clubes assim, beber e cantar ao mesmo tempo, e as outras boy bands não podem fazer isso porque são jovens demais para beber".

Sobre a sensação do momento, o sucesso de PSY e seu "Gangnam Style", Tom Parker revelou que ouviu a música há seis meses e não percebeu que faria tanto sucesso. Quem lhe mostrou a faixa foi o empresário da banda, Scooter Braun, que também agencia Justin Bieber e PSY, durante um churrasco nos Estados Unidos no início do ano. Tom disse que, a princípio, achou que Scooter estava brincando sobre lançar a música mundialmente.

Disse Tom: "Eu estava na casa dele seis meses atrás, em um churrasco, quando Scooter me mostrou um vídeo da música no YouTube e eu disse: 'Você está me gozando?'. Ele respondeu: 'Isso vai ser um grande sucesso', mas eu não acreditei nele. Scooter é um cara inteligente".

O rapper **PSY**, cujo sucesso "Gangnam Style" ultrapassou em dezembro de 2012 a marca de 1 bilhão de visualizações, tornando-se o vídeo mais acessado na história do YouTube e da internet.

Até os meninos ficam impressionados com as atitudes das fãs. Tom Parker ficou chocado quando viu que Jay McGuiness guardou a *lingerie* que uma fã jogou no palco em um show no Brasil. Em entrevista para a revista *Top of the Pops*, Tom falou que "Quando estávamos nos apresentando no Z Festival no Brasil, uma de nossas fãs jogou uma calcinha vermelha no palco. Quando Jay pegou a peça e a guardou em seu bolso, eu não pude acreditar! Ainda não perguntei o que ele pretende fazer com aquilo... Mas ele tem caminhado de maneira diferente ultimamente!".

Tom conheceu a namorada antes de ser cantor no The Wanted, então sua fidelidade à moça é grande. Sempre que pode ele afirma: "É um pouco brega, mas eu me sinto tão sortudo de ter a Kelsey! Posso confiar nela porque eu a conheci antes de fazer parte da The Wanted".

Tom Parker dividiu o palco recentemente com a atração pop coreana PSY no Avalon Hollywood, na Califórnia, e confessou que se sentiu envergonhado porque não conseguiu pegar a dança de "Gangnam Style" tão rápido quanto seus colegas de banda.

Ninguém consegue perder mais coisas do que Jay: 21 celulares e 5 cartões de banco em três anos.
A maior perda de Max foi a morte de seu cachorro Pele.
Já Siva acha que perdeu seu sono de beleza.
Nathan diz que a coisa mais importante que já perdeu foi sua dignidade.

Sobre a visita de Chris Brown, Max comentou: "Nós estávamos ensaiando para o *American Idol* e ele simplesmente entrou no estúdio, disse 'oi' e elogiou a nossa música. Na semana seguinte a banda estaria em Los Angeles e esperávamos poder escrever uma música com ele. Na verdade eu estou muito animado com isso, mal posso esperar para ver o que sai.

Em entrevista para a revista *Fabulous Max,* Max admitiu a rivalidade entre eles e a banda One Direction dizendo que "Nós não somos melhores amigos, então não é como se estivéssemos saindo, nos abraçando e beijando. E eles fazem pequenos comentários em entrevistas quando somos mencionados. Mas eles são jovens, isso é o que se espera, e eu apenas rio. Se eles estão levando a sério, então talvez isso seja só uma coisa da idade".

Jay McGuinness acredita que "Não há briga real, é apenas a maneira como isso aparece na mídia. Eu conheci os rapazes. Eles não são anjos, mas quem é? Quando começamos era a gente *versus* JLS".

Sobre a experiência dos concorrentes com *reality shows*, Siva Kaneswaran afirmou que: "Programas como o *The X Factor* tornam você famoso muito rápido e não o preparam para o que você vai enfrentar. No início, nós fazíamos shows em clubes, enfrentávamos garrafadas e vaias. Isso faz você lidar com a negatividade e isso nos fez mais fortes". E continuou: "As gravadoras me deixam com raiva. Como se eles tivessem esse direito de dizer o que querem que você seja – como você fala, sua imagem, seu cabelo, sua música".

A bronca com as gravadoras também tem em Tom Parker um aliado: "Eu tenho certeza de que as pessoas veem todos os membros de boy band como marionetes, mas as coisas não são assim. Amamos o que eles trazem [a gravadora], mas eles odeiam quando nós estamos no controle, porque eu não acho que eles já tiveram uma banda como essa antes. Me irrita quando as coisas não são bem-feitas: por que o single não foi lançado até agora? Cadê o vídeo? É algo do tipo 'ei, se vocês trabalham para uma gravadora e recebem um grande salário por isso, por que eu estou fazendo o trabalho de vocês, sendo que eu não sei muito sobre isso?'".

Sobre o fim da relação com Michelle Keegan, Max afirmou: "Não estou namorando nem qualquer coisa do tipo. Eu estou apenas solteiro e seguindo com o trabalho no novo álbum, então eu estou muito ocupado, de fato. Fazia muito tempo que eu não ficava solteiro, por isso leva tempo para seguir em frente depois de ter alguém que você realmente... bem, especialmente alguém como Michelle, de qualquer maneira. Eu não estou pronto para qualquer coisa com qualquer outra pessoa. Ela sempre será especial para mim. Ela é uma boa garota, uma grande menina, então eu só desejo a ela tudo de melhor. Você nunca vai me ouvir dizer uma palavra ruim sobre ela".

Sobre a viagem ao Egito com a namorada, Kelsey, Tom contou: "Não é sempre que eu temo pela minha vida, mas andar em um *buggy* no deserto egípcio com a namorada no volante me deixou apavorado. Ela é uma motorista doida e eu estava convencido de que ela ia rolar pelas areias com o carro. Mas, para minha surpresa, chegamos em segurança ao acampamento beduíno que fomos visitar".

As impressões pessoais de Tom sobre a viagem foram publicadas em várias revistas. Ele contou que não sabia o que esperar do Egito e ficou preocupado que o hotel estivesse cheio de casais mais velhos. Quando viram os carrinhos de golfe que levavam os hóspedes aos quartos e o bar aberto na piscina, concordaram com o motorista do táxi, que dissera que aquele era o melhor hotel do lugar. O Resort Sensatori, que recebeu o casal, possui seis piscinas (incluindo uma só para adultos), seis restaurantes – que servem de tudo, desde *teppanyaki* e sushi a bifes enormes e pratos italianos –, uma grande variedade de esportes aquáticos e diversão noturna. Lá também há quartos aquáticos familiares para aqueles que nunca querem deixar a água.

"No início", disse Tom, "nós só queríamos relaxar, então passamos nossos dias tomando banho de sol no terraço e sentados na praia, onde havia sempre um garçom para anotar o pedido em dois minutos". Claro que tinha que ter um "Sex On The Beach", uma bebida clássica de férias.

Encantado com a simpatia do jovem casal, o garçom que cuidou de atendê-los durante as férias ofereceu um presente de despedida para Kelsey.

Além de banhos de sol e drinques noturnos, o casal também conheceu uma tribo nômade beduína ao visitar seu acampamento de tendas. Os beduínos convidaram-nos para experimentar seu chá de ervas e fumar um narguilé e, mais tarde, fizeram um passeio de camelos pelo deserto, que, definitivamente, "não lembram em nada os passeios de burro que eu gostava de fazer quando criança em Blackpool Beach", disse Tom.

Um show de comédia com atores britânicos e australianos e um show cover do Abba fizeram Tom rir como nunca antes em sua vida.

Tom Parker e os Lawson assistiram ao show que Ed Sheeran realizou em Londres e disseram mais tarde que a estrela de "Lego House" os arrastou com seu show para a apresentação no Hammersmith Apollo.

Sobre esse show, enquanto Tom postou que estava surpreendido com a apresentação, Andy Brown, do Lawson, disse: "Relaxando com o Ed nos bastidores para vê-lo cantar diante de 5.000 pessoas, inacreditável! #Inspiração".

Os meninos apareceram com as calças arriadas em ensaio fotográfico de Natal para a revista *We Love Pop*.

Provocar a galera é a atividade preferida dos meninos do The Wanted. Em show no Chile, Tom – sempre ele – demonstrou o carinho pelas fãs ao colocar uma bandeira do país em volta do pescoço e sair correndo pelo palco de braços abertos.

Os meninos do The Wanted admiram seus próprios companheiros e reconhecem a beleza masculina. Jay, por exemplo, acha que seu amigo Siva é bastante atraente e que parece um anjo esculpido por Michelangelo.

Em uma brincadeira sobre quais seriam os homens por quem cada garoto teria uma quedinha, o resultado foi o seguinte: Jay teria uma queda por: "James Cameron. Ele é um diretor brilhante". Max: "Depois que Jay mencionou, eu tenho que dizer que o meu eleito é Siva!". Siva teria uma queda por Dwayne Johnson. Tom teria uma queda por Patrick Stewart. E Nathan, por sua vez, teria uma queda por David Beckham.

Sempre que estão na Inglaterra, os meninos desfrutam de atividades bem caseiras, como andar com roupas mais confortáveis e apreciar o colo da mamãe.

Apesar das diferenças evidentes entre eles e o One Direction, o The Wanted foi confundido em uma entrevista. Em vez dos rapazes da The Wanted falarem que foi tudo um mal-entendido, eles entraram na *vibe* e cederam a entrevista fingindo ser a outra banda britânica, com quem eles já tiveram uma desavença.

Farpinhas entre as duas bandas foram parar nos assuntos mais comentados da Grã-Bretanha com a hashtag #truthhurtslouis (a verdade dói).

Tom é fã do cantor norte-americano John Mayer e postou foto com o ídolo.

Na véspera do aniversário de Max, em show na cidade de Los Angeles, os meninos ofereceram um bolo com velinhas para cantar parabéns. Mas o bolo acabou mesmo na cara do rapaz, que levou tudo na brincadeira.

Rose de Almeida

Pode estar vindo por aí uma linha de roupas com a grife de Tom. As más linguas já estão dizendo que ele trocará a carreira de cantor por uma de estilista.

Um dos filhos de Victoria e David Beckham fez aniversário e ganhou *performance* especial e particular do The Wanted.

Dizem que os Beckhams têm uma relação de longa data com The Wanted. No início de 2012, Jay McGuiness revelou que Tom Parker estava dando aulas de violão para Brooklyn, outro filho do casal.

David Beckham e seus filhos.

Os rapazes vivem surpreendendo as fãs com segredos embaraçosos. Entrevistados por uma revista australiana, os galãs arrancaram suspiros ao dizer, por exemplo, "que Tom tem um superpoder medonho: 'Se eu arranhar minha pele, eu ganho hematomas'", revelou. "Eu tenho algum superpoder horrível, mas não sei o que eu estou ganhando com isso, além de um olhar horrível".

Os bons samaritanos Nathan Sykes e Tom Parker socorreram uma fã que desmaiou quando avistou os meninos no aeroporto de Glasgow, na Escócia.

The Wanted aparece em cena do vídeo *Call Me Maybe*, da K2K Stars, com a cantora Carly Rae Jepsen.

Tom Parker conheceu a cantora Britney Spears na turnê dela "Femme Fatale", na qual The Wanted foi a banda de apoio.

A língua afiada de Tom já produziu comentários sobre Britney Spears. Quando eles se conheceram, ele falou que ela era bonita e legal, mas esperava que ela tivesse mais personalidade.

Para Tom, tudo leva ao McDonald's. Se ele está falando de empregos de verão ou sobre levar uma garota para sair, McDonald's é o local ideal. O cantor trabalhou no McDonald's antes de seus dias de boy band começarem e continua a ser um exemplo de um empregado muito leal – apesar de admitir que não teve um comportamento exemplar: ele conta que às vezes roubava hambúrgueres para comer no banheiro.

Já imaginou um filme sobre a vida dos garotos? Eles imaginaram e escolheram alguns atores para vivê-los no cinema. A escolha não poderia ter sido melhor. Tom acha que ele se parece um pouco com Sean Penn, de perfil, enquanto Max está convencido de que Bruce Willis seria o homem ideal para fazer de seu personagem o maior de Hollywood. Antes de Siva dar sua resposta, Tom sugeriu que Taylor Lautner ou a modelo, cantora e atriz jamaicana Grace Jones deveria viver o membro irlandês da banda. Já que Siva não pôde falar sobre si mesmo, disse que Nathan deveria ser interpretado por Sid, o bicho-preguiça de *A Era do Gelo*, Stewie Griffin, da série *Uma Família da Pesada*, ou Justin Bieber. Já Max vê o ator de *A rede social* (Jesse Eisenberg) como Jay, mas Nathan tem uma ideia melhor: Samuel L. Jackson.

O pessoal da banda conheceu Jennifer Lopez no início de 2012, quando estiveram no programa *American Idol* no qual ela era uma das juradas. Lopez bateu palmas e cantou junto com a banda enquanto eles cantavam o sucesso "Glad You Came". Então, ela foi até Max para um abraço e ele deu um beijo em sua bochecha durante a *performance*. Mais tarde, em sua página do Twitter, Max referiu-se à experiência como "um dos melhores dias da minha vida".

The Wanted escolheu o nome "prisoners" (prisioneiras) para identificar suas fãs. Só que as meninas já se identificam como "fanmily" (mistura de fã e família).

Max, Tom, Jay, Siva e Nathan têm chamado a atenção de *designers* da moda, incluindo Tommy Hilfiger. Eles se conheceram no Billboard Awards, em Las Vegas.

O garoto Tom Parker já falou que seu tipo de mulher é um ícone britânico, a atriz Helen Mirren.

Tom conheceu Helen em fevereiro de 2011, durante a aparição no *talk show* britânico *The Graham Norton Show*. No final de cada show, Graham apresenta um segmento chamado "That's All We've Got Time For", em que um integrante da plateia senta-se em uma cadeira vermelha para contar uma história para os convidados. Tom batalhou por um lugar longe de seus colegas de banda e perto de Helen. "Ela foi ótima. Disse que me achou gostoso", contou ele à CBS local. "Eu estava tipo 'sim!', eu normalmente não ouço isso". Então Tom, como é o cheiro de Helen Mirren? "Ela cheira a flores e uvas", respondeu o cantor. "E a sucesso", acrescentou Siva.

Os rapazes já admitiram que gostariam de gravar uma faixa com a estrela Rihanna, que recentemente cantou a faixa "Princess of China" com o Coldplay.

Um vídeo do show do The Wanted no Reino Unido mostra que durante a música "Chasing the Sun" aparece uma imagem da bandeira brasileira.

Tom tem tatuada no corpo a frase "We try, we fall, but we live another day" ("Nós tentamos, nós caímos, mas nós vivemos outro dia"), trecho da música "Golden", do primeiro álbum da banda.

Em entrevista sobre a turnê nos Estados Unidos, os meninos se deslumbraram e disseram:

Tom: Inacreditável.

Siva: Brilhante.

Tom: Todo mundo tem sido muito acolhedor. Cheios de braços abertos. Nós pensamos que ia ser uma luta enorme para apenas ter a nossa música ouvida aqui, mas o rádio tem nos levado e as pessoas têm sido tão boas! E os fãs são incríveis. Estamos trabalhando muito duro.

Max: *Para ser justo, fomos direto fazer uma pequena turnê em clubes pequenos, o que já é grande – então caminhamos em torno de cada cidade épica que poderíamos pensar e fomos tentando bater até em suas estações de rádio para provar que poderíamos tocar ao vivo [risos]. Achamos que é importante as pessoas saberem que os Estados Unidos felizmente se deram muito bem com a nossa música. Nós estamos vivendo um período incrível, só queremos que ele continue.*

Jay: *Acho que todas as aparições nas TVs realmente ajudam as pessoas a se importar com os artistas e com o que eles estão ouvindo no rádio. Quando nos veem na tela, sabem o que é uma boy band. Estávamos no TOP 10 quando aparecemos no programa de Ellen De Generis e depois do seriado Glee também ficamos por cima, porque as pessoas buscam ver outra vez e encontram tudo no YouTube.*

Tom segura o microfone por mais tempo com a mão esquerda.

O primeiro beijo do Max foi aos seus 10 anos de idade.

Certa vez, Nathan quebrou o notebook do Max.

"Glad You Came" é uma das 25 músicas mais tocadas no iPhone da primeira-dama Michelle Obama.

Jay se tornou vegetariano aos 13 anos de idade.

Segundo Tom, Siva tem o melhor senso de estilo.

Uma vez, Max fez uma brincadeira com Tom dizendo que iria sair do The Wanted e Tom ficou chorando por três horas seguidas.

Max já chorou assistindo a um documentário sobre gorilas.

Aos 13 anos, Jay foi ao seu primeiro show, do grupo Muse.

Jay tem a orelha esquerda furada.

Jay já encontrou Siva e Nathan chorando juntos assistindo ao filme *Marley & Eu*.

Jay gosta muito da música "Boyfriend", de Justin Bieber.

Tom já dormiu com uma mulher de 45 anos.

Quando Nathan estava na escola, costumava sentar no fundo da sala de aula e bagunçar com Dan Ferrari Lan, do grupo District 3.

A parte do corpo de Tom de que ele mais gosta são os polegares.

O primeiro vídeo #WantedWednesday foi no dia 31 de março de 2010.

No começo da carreira, The Wanted passou dois anos fazendo shows em escolas.

De acordo com Siva, Nathan é muito tímido, mas quando sobe ao palco se transforma em outra pessoa, "fica diferente".

Max acha que sem os cigarros há muito mais estresse.

Nathan não gosta dos dramas que as pessoas fazem no Twitter.

Nathan adora quando abre os shows para Justin Bieber porque pode fingir que aquela grande quantidade de fãs está lá só por causa do The Wanted.

Os meninos gostam de karaokê apenas quando estão "ligeiramente embriagados".

Elvis Presley foi o herói musical na infância de Max.

Siva adora jogar *video game*.

The Wanted primeiramente tentou ser chamado de FUX.

Jay é o mais irritante durante as turnês.

Geralmente, os meninos conseguem lembrar-se das fãs que vão aos hotéis, tiram fotos com eles etc.

Nathan não gosta quando uma garota usa muita maquiagem.

Vez ou outra, Tom usa desodorante de mulher porque diz que é mais cheiroso.

Siva já urinou na neve e diz ser um artista profissional em relação aos desenhos que a urina forma.

Numa das vezes em que o The Wanted esteve nos Estados Unidos, Nathan passou a noite tomando chá em seu quarto de hotel enquanto os outros integrantes foram festejar.

A princesa da Disney de que Nathan mais gosta é a Cinderela.

Siva gostou muito do livro *Steve Jobs*; disse que é uma ótima opção para leitura.

Jay diz que a coisa de que mais gosta em Max é o fato de ele ser muito protetor.

Tom fica muito chateado por saber que nunca conhecerá todos os seus fãs pessoalmente.

Rose de Almeida

E-mail dos garotos no ônibus da turnê pelos Estados Unidos fala sobre os cachorros que cada um poderia ter como mascote.

CACHORRO DE ÔNIBUS DOS SONHOS – UM E-MAIL DA QUINTA DO JAY

Saudações a todos!

[...] Ontem à noite pensamos em ter um cão no ônibus da nossa turnê, para nos fazer companhia naqueles momentos em que sentimos falta de casa e queremos algo caloroso e acolhedor.

Isso pode soar estranho, mas pesquisas mostraram que acariciar um cão (ou mamífero semelhante) pode ajudar a baixar a pressão arterial, e até mesmo liberar o hormônio que é responsável por essa coisa chamada sentimento.

Apesar de impressionantes razões científicas, Martin não nos deixa ter um cão, então o sonho acabou. Mas nós ficamos falando sobre o tipo de cães que seríamos e pensamos: "Por que não mostrar a vocês?".

Falando sério, a gente não conseguia parar de rir depois que houve uma longa pausa e o Tom disse "poodle, camarada...". Então a gente aceita qualquer coisa com menos de um ano e, portanto, classificada como filhote.

A gente sabia que o Max teria um cachorro com atitude, mas também com uma pegada estilosa e charme...

Nada a dizer além de "separados no nascimento".

Fiquei na dúvida entre um Red Setter e este carinha, e não vou mentir... dá para ver.

Nós debatemos sobre um cão da raça Jack Russel para o Tom, mas quando Max achou uma foto no celular, tivemos que ficar com o "dude" sorrindo!

Ah, sim, eu disse "dude" numa boa no e-mail. Eu sou basicamente um surfista americano.

A gente quer muito uma mascote do nosso ônibus.
E a gente acha que é justo,
A gente passearia, daria comida e amaria o bichinho.
E o levaria para todo lugar.
Mas o Martin é um estraga-prazeres.
Ele também não tem alma.
No lugar onde devia ficar o coração,
Ele tem um pedaço de carvão.
Agora vamos deixar vocês com um último pensamento: se nosso empresário Martin comesse menos pão, bebesse menos cerveja e aceitasse um cachorrinho legal para o nosso ônibus, ele poderia acabar ficando assim...

Admita, você iria vê-lo. (@Martin911)
Com amor, do ônibus da turnê, e a gente se vê logo!

Os garotos
Jay, Tom, Nath, Max & Siva

AS BOY BANDS

Já se vão quase cinquenta anos desde que as primeiras boy bands se formaram, para alegria de todos e felicidade geral da nação. Apesar da evolução sonora e das variadas influências musicais, meia dúzia de meninos juntos cantando e dançando ainda fazem a cabeça da juventude.

De Jackson Five a Menudo, de Beatles a Back Street Boys, as boy bands se renovam e revigoram a cena musical em todo o mundo.

Com meninos bonitos e diferentes, de forma a agradar todos os gostos, as bandas de rapazes privilegiam baladas românticas com refrão grudento e uma coreografia marcante, que seduz adolescentes de todas as idades.

Uma olhada rápida ao longo do tempo e percebemos que, embora as roupas e os penteados acompanhem a moda da época de sucesso das bandas, é inevitável que o estilo musical e a coreografia se tornem inesquecíveis para as fãs.

Embora muitas das famosas boy bands não existam mais, devido a diferentes fatores, elas continuam a ser objeto de desejo das fãs e de artistas que desempenham um papel melhor no coletivo do que em carreira solo. Contudo, muitos nomes de sucesso hoje saíram de grupos musicais, como Rick Martin (ex-Menudo) ou Justin Timberlake (ex-'N Sync) e Michael Jackson (ex-Jackson Five).

Na categoria dos meninos que cresceram sem perder a essência, vale o destaque para os Backstreet Boys. Eles são possivelmente a boy band mais icônica se realizarmos uma pesquisa entre jovens. O quinteto teve incontáveis músicas de sucesso, mas o hit "I Want

It That Way", de 1999, é um clássico do gênero. Mesmo ausente da mídia durante alguns meses, basta uma aparição para os fãs retomarem a preferência pelos meninos.

Nos anos 80, com músicas como "You Got It (The Right Stuff)", "Please Don't Go Girl", "Hangin' Tough" e "Step by Step", o New Kids on the Block levava as meninas ao delírio. Hoje, não são mais garotos, mas ainda enchem estádios com o nome NKOTBSB, em uma junção com os Backstreet Boys.

Os Beatles atravessaram gerações como uma das mais visionárias e completas bandas da história do rock. Contudo, começaram como ídolos adolescentes com quatro garotos diferentes que atraíam diversos tipos de garotas – e uma infinidade de mães de garotas também.

Já o 'N Sync dominou completamente a cena pop no final dos anos 90, produzindo hits inesquecíveis e diversos álbuns de platina em poucos anos, além de ajudar na carreira solo de JC Chasez e Justin Timberlake, os únicos que realmente cantavam no grupo. Contudo, somente Justin atingiu o estrelato em carreira solo, não só como cantor, mas também como ator.

Na lista das boy bands fabricadas, como o The Wanted, vale destaque para os Monkees, que foram inspirados nos Beatles e criados como personagens de uma série de TV. O carisma dos quatro meninos conquistou os fãs, e alguns sucessos como "Pleasant Valley Sunday", "Daydream Believer" e "I'm a Believer" ganharam a boca do povo.

As gracinhas dos irmãos Jonas são também referência de como ainda são projetadas boy bands nos dias de hoje. Eles são considerados apenas a maior boy band da última década. Enquanto as boy bands dos anos 90 priorizavam o canto e a dança, o trio enfatizou suas qualidades de músicos e compositores, trazendo um toque de credibilidade roqueira ao gênero de grupo de rapazes.

No Brasil, a influência das boy bands vem de longa data. Do grupo Bom Bom, com o hit "Vamos a la playa", ao Ciclone, versão tupiniquim do Menudo, com o sucesso "Tipo One Way", ou ainda os Paquitos, o cenário musical brasileiro tem bons exemplos de grupos de meninos lindos, sedutores e requebrando sem parar. Entre eles, ainda podemos citar KLB, Polegar, Dominó e muitos outros.

Resta-nos a esperança de que os meninos não tão adolescentes do The Wanted continuem sua trajetória de sucesso e envelheçam junto com suas fãs sem perder o frescor da juventude nas canções nem na aparência.

Rose de Almeida

SITES CONSULTADOS

http://thewantedbrasil.com/
http://thewantedbr.com/
http://twfanmilybr.com/
http://ask.fm/twfanmilybr
http://ask.fm/brasilthewanted
http://www.thewantedmusic.com/home
http://www.metrolyrics.com/blog/2012/04/25/my-musical-mind-the-wanted/
https://twitter.com/search/realtime?q=%23twfacts&src=typd
http://en.wikipedia.org/wiki/The_Wanted
http://pt.wikipedia.org/wiki/The_Wanted
http://pt.wikipedia.org/wiki/Max_George
http://pt.wikipedia.org/wiki/Nathan_Sykes
http://pt.wikipedia.org/wiki/Glad_You_Came
http://en.wikipedia.org/wiki/Nathan_Sykes
http://en.wikipedia.org/wiki/The_Wanted_(EP)
http://en.wikipedia.org/wiki/Chasing_the_Sun_(song)
http://en.wikipedia.org/wiki/The_Wanted_(album)
http://www.facebook.com/TheWanted
http://www.facebook.com/pages/Siva-Kaneswaran/120479287997537?fref=ts
http://www.facebook.com/pages/Nathan-Sykes/120157548028535?fref=ts
http://www.facebook.com/pages/Jay-McGuiness/122835734426339?fref=ts
http://www.facebook.com/pages/Tom-Parker/112541692127343
http://www.facebook.com/pages/Max-George/135740819778414
http://meumundocenico.blogspot.com.br
http://www.undefinedpop.com/
http://www.thewantedmusic.com/news/32#2kUrMGIgm6iFjke7.99
http://www.youtube.com/watch?v=8avn4lSz7sQ
http://www.4music.com/shows/374/The-Wanted-Backstage-in-Brazil
http://thewantedbr.com/?s=z+festival
http://www.setlist.fm/setlist/the-wanted/2011/estadio-do-morumbi-sao-paulo-brazil-43d06bd3.html
http://www.e-vod.com.br/the-wanted-conquista-publico-brasileiro-no-z-festival-em-sao-paulo/

The Wanted

http://www.aoscubos.com/the-wanted-define-o-brasil-feijoada-caipirinha-e-belas-mulheres/

http://www.youtube.com/watch?NR=1&v=VZObxo8aK2U&feature=endscreen

http://thewantedbr.com/2012/09/29/the-wanted-no-z-festival-rio-de-janeiro/

http://thewantedbr.com/2012/09/27/ego-integrantes-das-bandas-mcfly-e-the-wanted-chegam-ao-brasil/

http://thewantedbr.com/2012/09/14/the-wanted-exige-milkshake-de-morango-e-cera-de-cabelo-em-seu-camarim/

http://thewantedbr.com/2012/08/31/the-wanted-fara-show-em-uma-terceira-cidade-brasileira/

http://thewantedbr.com/2012/09/17/mais-informacoes-sobre-o-show-de-the-wanted-em-porto-alegre/

http://thewantedbr.com/2012/08/15/fixo-saiba-tudo-sobre-a-vinda-de-the-wanted-ao-brasil/

http://thewantedbr.com/2012/10/13/exclusivo-maria-clara-conta-ao-twbr-como-foi-ter-the-wanted-em-seu-quarto/

http://tvg.globo.com/programas/caldeirao-do-huck/videos/t/programa/v/luciano-huck-surpreende-e-leva-banda-the-wanted-para-casa-de-fa/2188070/

Visite nosso site e conheça estes e outros lançamentos
www.matrixeditora.com.br

CARTEIRA DE FÃ JUSTIN BIEBER
Autor: Paulo Tadeu

Quem é fã de carteirinha do Justin Bieber agora tem uma carteira de verdade para mostrar todo o seu amor por esse grande astro. Este é um minilivro com os principais fatos da carreira de Justin e também com coisas que vão fazer você sonhar ainda mais com ele.

RIHANNA
Autora: Sarah Oliver

Rihanna é uma das cantoras mais conhecidas e bem-sucedidas do mundo de hoje. Com uma sequência de hits que inclui "Umbrella", "Take a Bow" e "Don't Stop The Music", a bela nativa de Barbados, que chegou aos Estados Unidos como uma jovem talentosa criada em um lar desfeito, transformou-se numa superestrela vencedora do Grammy e recordista de vendas de discos. Desde os altos e baixos do início de carreira e do período turbulento ao lado do ex-namorado Chris Brown até a consagração mundial, esta é a primeira biografia da cantora. Um livro para ser lido e ouvido.

GAROTA APAIXONADA EM APUROS
Autora: Carolina Estrella

Garota Apaixonada em Apuros é um livro com o qual muitas jovens se identificarão. Com uma linguagem simples e moderna, narra a aventura romântica de uma adolescente decidida, de personalidade forte, mas, como muitas outras, têm dúvidas, incertezas e sonhos. O livro é para ser lido aos poucos, como um diário, página por página. A cada acontecimento o leitor se envolve mais, participando das angústias e dos planos da personagem.

GAROTA APAIXONADA EM FÉRIAS
Autora: Carolina Estrella

Depois do grande sucesso de *Garota Apaixonada em Apuros*, a escritora revelação do público jovem Carolina Estrella nos traz outro livro com muita aventura romântica. Nesta obra, Gabriela está em êxtase por, finalmente, namorar o grande amor de sua vida e pela chegada das tão esperadas férias de verão. Junto com Thais, Lívia, Carol, Talita e Nelson, Gabi passará bons momentos em Búzios. Com muitos beijos e fofocas, a viagem será emocionante e inesquecível para as amigas, que descobrirão o valor da amizade e a importância do amor.

PAPO TEEN
Autor: Paulo Tadeu

Aqui estão 100 altos temas que vão fazer todo mundo mostrar o que pensa da vida, das pessoas, da música e de muitas outras coisas importantes. Com *Papo Teen* assunto é o que não vai faltar.